Achieve!
GCSE French Skills

Steven Crossland and Caroline Woods

Hodder & Stoughton

A MEMBER OF THE HODDER HEADLINE GROUP

Orders: please contact Bookpoint Ltd, 78 Milton Park, Abingdon, Oxon OX14 4TD. Telephone: (44) 01235 827720, Fax: (44) 01235 400454. Lines are open from 9.00–6.00, Monday to Saturday, with a 24 hour message answering service. Email address: orders@bookpoint.co.uk

British Library Cataloguing in Publication Data
A catalogue record for this title is available from The British Library

ISBN 0 340 8010 2 6

First published 2001
Impression number   10 9 8 7 6 5 4 3 2 1
Year   2005 2004 2003 2002 2001

Copyright © 2001 Steven Crossland and Caroline Woods

All rights reserved. No part of this publication may be reproduced or transmitted in any form or by any means, electronic or mechanical, including photocopy, recording, or any information storage and retrieval system, without permission in writing from the publisher or under licence from the Copyright Licensing Agency Limited. Further details of such licences (for reprographic reproduction) may be obtained from the Copyright Licensing Agency Limited, of 90 Tottenham Court Road, London W1P 9HE.

Typeset by Fakenham Photosetting Ltd, Fakenham, Norfolk NR21 8NN
Printed in Great Britain for Hodder & Stoughton Educational, a division of Hodder Headline Plc, 338 Euston Road, London NW1 3BH by Martins the Printers, Berwick-upon-Tweed.

Contents

Introduction — v

1 Overview of the OCR GCSE French examination — 1

2 **Listening** – general hints, example exercises, answers and tips — 9

3 **Reading** – general hints, example exercises, answers and tips — 29

4 **Speaking** – general hints, example exercises, sample answers and tips — 52

5 **Writing** – general hints, example exercises, sample answers and tips — 69

6 **Grammar** – essential points of French grammar — 81

7 **Practice examination paper** (all components) with answers — 92

Appendix – Listening chapter transcript, Speaking chapter transcript, Practice examination transcript — 126

Introduction

To the Student

This book has been written to give you help and practice in preparing for your OCR (Oxford Cambridge and RSA Examinations) GCSE French exam. The book offers you advice and practice on the four language skills of listening, reading, speaking and writing. You will of course have been practising these skills with your teacher and using your textbook, but the purpose of this book is to prepare you specifically for the OCR examination that you will probably be taking in the summer term of Year 11.

As well as being language teachers, the authors of the book are principal examiners for the OCR examination. You can therefore be confident that the advice you read here and the exercises you practise will be very relevant to the examination you will be taking in Year 11. The authors are very familiar with the demands of the examination and the type of errors that candidates regularly make and which may well prevent them reaching grades of which they are capable. The authors can therefore warn you of the pitfalls and how you can best tackle the separate parts of the examination.

Will you be attempting the Foundation or the Higher Tier papers? As you know, you can mix the tiers in different papers in the OCR examination. You might, for instance, want to attempt the Foundation Tier in listening but the Higher Tier in reading. In any case, you do not have to decide until later on in Year 11. The authors hope that this book will help you decide which tier to attempt in each component. It is important to attempt the tier with which you feel comfortable but not to undersell yourself by attempting Foundation when you might be capable of Higher. But whichever tier you finally choose in each paper, you will want to achieve the best possible grade. You can reach Grade C even if you only attempt Foundation Tier papers in each component. But you can only reach Grade B or higher if you do mainly Higher Tier papers.

This book will give you tips for tackling all the different types and levels of questions which you will meet in the examination. You will find sample exercises for each. Try the exercises, then check the answers to see how you did and read the hints carefully. Towards the end of the book (starting on page 92) you will find a set of sample papers which you can attempt as if you were doing the examination. Your teacher may ask you to do these in class under exam conditions.

Learning to master a language is to a large extent a matter of confidence, so the more practice you get, in all skill areas, the more your confidence will grow. It is also essential to understand the grammar of a foreign language. This is an aspect of language learning which students sometimes dislike or find difficult. But grammar can in fact be interesting and it provides the key to understanding how the language is formed. We hope that you will find that the grammar section in this book will explain grammar clearly and help you to understand it – perhaps even to like it!

You will need to learn key vocabulary as well. Much of this you have been learning since your first French lessons, but you need to be very confident of certain key words and phrases.

In addition to using the pages of this book, you can access the OCR website at http://www.ocr.org.uk where you can study and download vocabulary lists.

We hope you will find this book useful in preparing you for your GCSE exam. Good luck!

To the Teacher

You are most likely to be using this guide alongside the course book used by your pupils. The aim of the book is specifically to prepare candidates for the OCR GCSE French exam. Achievement at all grades is targeted but the intention is to encourage pupils to reach Grade C at Foundation or Grade A at Higher.

Each of the units covering the four skills (chapters 2 to 5) gives practice and advice in the different exercise types set in the OCR exam. These are based on exercises which have been set in previous exams but the practice exam section (chapter 7) contains entirely new material.

The book is designed to be used either by you, as a teacher, with your Year 10 or Year 11 classes, or by the pupils working individually. As such, it will obviously also be of use as a resource for pupils to work on if classes are being supervised by a cover teacher. Pupils can, if you wish, be encouraged to purchase their own copy for home study.

It is not intended that pupils should write answers in this book – in any case, there is not always enough space for writing answers, although we have tried to reproduce the style of the examination papers. Pupils should therefore be asked to write answers on blank paper.

There are pages on the OCR website containing vocabulary lists. Your students should be encouraged to consult and download this information themselves.

The cassette accompanying the book contains all the recordings for the listening chapter and the the practice exam, as well as samples of each part of the speaking tasks – role plays, presentation and discussion and general conversation.

You may wish to use the practice exam section as a final "mock" before the exam or it could of course be used as an exam at any stage in Year 11. However you use it, the authors hope that you and your pupils find it useful and will achieve the results that you have hoped for.

There are companion books in the series for German and Spanish GCSE with OCR.

1 – Overview of the OCR GCSE French Examination

Your OCR GCSE French exam consists of four different parts or components: a speaking test, a test of listening comprehension, one of reading comprehension and one of writing (which could either be in the form of an exam or in coursework done during your GCSE course).
Each of these is worth the same proportion of marks, i.e. each component is worth 25% of the final total.

You will probably take the speaking test (or "oral") first, then your listening exam – these two are likely to be before the week's holiday in June. After the June holiday you will have your reading exam and your writing exam (unless you do coursework).

Your French teacher will almost certainly be the examiner in your oral exam. He or she will either mark it himself or herself or will send off the test to be marked by an external examiner. Whichever marking system is chosen, your test will be marked according to the same mark scheme. Your teacher's marking will be checked by an examiner and the mark you have been awarded may stay the same, may be raised or may be lowered. Your listening, reading and writing exams will be marked by examiners. If your teacher has chosen to do writing coursework with you, he or she will mark your work and, just as for the speaking, the marking will be checked and changed if necessary.

Once all your papers have been marked, your marks will be entered into a computer and your final grade will be calculated. This is done by adding together your marks in all four components and then converting them to a grade. But there will be a long process of checking papers during June and July before you receive your final result in August. OCR takes great efforts to ensure that the grade you are awarded is the correct one. They will also compare the grade awarded with the grade that your teacher expected you to get. Teachers usually predict your grade very accurately but there are sometimes differences. You might of course do better than your teacher had predicted. More importantly, your performance in exams can sometimes be affected by illness or by a serious personal upset. Again, such circumstances will be taken into account before your final grade is processed. If you are suffering from illness or are upset during the exam period, it is most important that you get an official doctor's note and that the teacher in charge of exams at your school knows of all the circumstances so that he or she can send off the required paperwork to OCR.

Exam papers are never the same from one year to the next, but there are always similarities because they have to be written according to certain guidelines set out in the exam syllabus. The following chapters of this book give you examples of questions that have been set in previous years in each of the four components. In chapter 7 there are some further examples, set out in the form of a new practice examination. The purpose of the next few pages is to give you an idea of the content of the examination and of each component.

Tiers

There are two tiers – Foundation and Higher. You will decide with your teacher which tier you will attempt in each component. It is quite possible that you will attempt the same tier for each component, but you are allowed to mix – for instance you could attempt Foundation Tier listening but Higher Tier reading. In each component there is a section which is common to both tiers (referred to in this book as "Section 2: Common Exercises").

If you attempt Foundation Tier papers in all components, the highest grade you can reach is Grade C. To reach the higher grades you must attempt at least two Higher Tier papers. If you are unsure as to which tier to attempt and think that Grade C is likely to be your limit it is better to attempt Foundation Tier papers. If you attempt Higher Tier papers and do not perform well, it is still possible to achieve Grades C, D or even E. But the later questions on Higher Tier papers are difficult and you need to have confidence in your abilities if you intend to attempt them.

You will need to make up your mind about which tier to attempt in each component at the time that the school makes exam entries in February of Year 11. You will probably have done your "mock exams" just before or just after Christmas, so you and your teacher will have a pretty good idea as to what grade you are likely to reach. But don't forget how important those last few months of the course can be!

Course Content

For all four components, the content of the course consists of the following contexts and sub-contexts:

1 **Everyday activities** – home life/school life/eating and drinking/health and fitness.

2 **Personal and social life** – people – the family and new contacts/free time (social activities, sports, personal interests, weekends and days off school, entertainment)/making appointments/special occasions.

3 **The world around us** – local and other areas/shopping and public services/environment/going places.

4 **The world of work** – jobs and work experience/careers and lifelong learning.

5 **The international world** – the media/world issues, events and people/tourism and holidays/tourist and holiday accommodation.

In addition, the course content lists the grammatical structures you should know (see Chapter 6), the vocabulary you should know and the types of tasks you will be set.

LISTENING

At **Foundation Tier**, your exam will consist of:

Section 1 (30 marks)

- Five short, simple phrases in French with instructions and questions in English and using visuals from which you select the correct answer or give a short answer in English.

- A further three, four or five exercises with instructions in French. The French is spoken at a steady pace. You listen for particular facts. There are different types of exercises such as multiple-choice, filling in a form, writing short answers in French, matching words or phrases to pictures and so on.

Section 2 (20 marks)

- An opening exercise with questions and answers in English (5 marks).

- Two or three further exercises based on announcements, discussions or conversations in French. You listen for details including the speakers' points of view. The French is spoken at near normal speed and the speakers may hesitate or rephrase. Present, future and past tenses are used and opinions may be expressed. There is a range of different types of exercise.

The **Higher Tier** exam will consist of:

Section 2 (20 marks) exactly as on Foundation Tier above, and

Section 3 (30 marks)

- Up to five exercises of which the **last** will often have questions and answers in English.

- Longer, more complex texts spoken at normal speed, with hesitation and rephrasing and perhaps a little background noise. You will be required to listen for gist, identify the speakers' points of view, attitudes and emotions and draw conclusions. There will be a variety of different types of exercise and you will have some questions to answer in French. The texts will include radio extracts, interviews, conversations, discussions and so on.

Both the Foundation and Higher Tier listening tests last for about 40 minutes. You will have five minutes' reading time before the test starts. All spoken material is played twice and there are pauses for you to read the questions and give your answers. The use of dictionaries is not allowed.

READING

At **Foundation Tier**, your exam will consist of:

Section 1 (30 marks)

- Five short items with visuals and with questions and instructions in English. You select the answer from a choice of visuals or give short answers in English.

4 Overview of the OCR GCSE French Examination

- A further three to six exercises consisting of short texts including brochure extracts, letters etc. from which you extract particular details. There is a range of different test types as in the listening exam.

- There may also be a requirement to choose and copy words in the target language.

Section 2 (20 marks)

- One exercise will have questions and answers in English (5 marks).

- There are up to three other exercises from which you extract the main points and points of view. There is a variety of texts (e.g. instructions, e-mails, letters, brochures etc) and present, past and future tenses are used. The texts are longer than in Section 1.

The **Higher Tier** exam will consist of:

Section 2 (20 marks) exactly as on Foundation Tier above and

Section 3 (30 marks)

- Up to five exercises of which one will have questions and answers in English (5 marks).

- Longer, more complex texts drawn from a variety of topics. You note the main points and identify points of view, attitudes and emotions and draw conclusions. Texts use a range of tenses and can be in the form of articles, letters, brochures, narratives etc. and there may also be a requirement to choose and copy words in the target language. There is a similar range of test types to that used in the listening exam.

- There may also be a requirement to choose and copy words in the target language.

The Foundation Tier paper lasts for 45 minutes and the Higher Tier paper lasts for 50 minutes. The use of dictionaries is not allowed.

SPEAKING

The **Foundation Tier** test consists of Role Plays 1 and 2, Presentation, Discussion and Conversation. It lasts 10–12 minutes and is marked out of 50.

The **Higher Tier** test consists of Role Play 2 and Role Play 3 (narrative), Presentation, Discussion and Conversation. It lasts 12–15 minutes and is marked out of 50.

No dictionaries are allowed. All tests are recorded on cassette.

Role Play 1 is marked out of 8 for communication. There are four tasks, with instructions in English.

Role Play 2 is marked out of 8 for communication. There are four tasks, with instructions in English. One task contains an unpredictable element. You will have to respond to what the teacher/examiner asks you or says.

Role Play 3 is marked out of 8 for communication and should last no longer than 3 minutes. You narrate events using past tenses following a verbal and visual stimulus. You have to answer the examiner's queries and express and justify feelings and opinions.

The **Presentation** is marked out of 4 for communication only. You present a topic of your choice and talk about it for one minute. Your teacher will not interrupt.

Discussion and Conversation is marked out of 10 for communication and should last no longer than 7 minutes – 2 minutes' discussion of the presentation and 4–5 minutes' conversation. The discussion is based on the presentation that you have given. The conversation covers **two** of the following seven topics: **home life; school life; self, family and friends; free time; your local area; careers, work and work experience; holidays**. You cannot be asked questions about the topic which you have used for your presentation. You will not know in advance which two topics of conversation have been chosen.

Overall quality of language. All parts of the test except the presentation are assessed for this on the basis of the range and variety of vocabulary, use of tenses and your ability to apply the rules of grammar.

Examples of Quality of Language assessment bands

19/20: confident and very accurate use of a variety of tenses. Wide range of structures. Pronunciation extremely accurate for a non-native speaker.
14/15: good use of tenses with only occasional errors. Pronunciation mostly accurate.
9/10: awareness of tenses but many inaccuracies. Some pronunciation errors. Hesitant at times.
4–6: very limited range of structures and vocabulary. Pronunciation approximate but understandable. Hesitant delivery.
2/3: very limited range of vocabulary. Answers brief and often monosyllabic. Pronunciation very approximate and delivery very hesitant.

WRITING (TERMINAL EXAM)

At **Foundation Tier**, your exam will consist of:

Section 1 (30 marks)

- Exercise 1: you are required to write a list of items in French.

- Exercise 2: you write sentences by filling in blanks cued by visuals.

- Exercise 3: you write a few sentences of connected writing answering given points (usually five) in a message, e-mail, fax or postcard.

Section 2 (20 marks)

- You have to write a letter, fax or e-mail of 90–100 words in French. You are given certain points to communicate. These will include using present, past and future tenses and expressing opinions.

- There is a choice of two questions.

Communication and the quality and accuracy of your French are assessed in both sections, 30 marks for communication and 20 for quality and accuracy. The paper lasts for 40 minutes.

At **Higher Tier** your exam will consist of:

Section 2 (20 marks) exactly as on Foundation Tier above and

Section 3 (30 marks)

- You have to write an essay, report or article of 140–150 words in French. You are given certain points to communicate, using a range of tenses. You have to express and justify your points of view. "Justify" means: "give reasons for your opinions". Your French should be of a good standard of accuracy and you should show style and a good range of vocabulary. You should make frequent use of more complex sentences and structures.

- There is a choice of two questions.

Your communication and the quality of your French are assessed in both sections, with 20 marks for communication and 30 for quality and accuracy. The paper lasts for one hour. The use of dictionaries is not allowed.

Writing Paper Mark Scheme

Foundation

Section 1, Exercise 1: one mark for each item clearly communicated in French	8
Section 1, Exercise 2: 6 marks for standard of communication	6
Section 1, Exercise 3: 6 marks for communication as for Exercise 2	6
Section 1: Quality of Language: based on vocabulary, verbs etc. Assessed in bands	10
	(Section 1 Total: 30)
Section 2: Communication: assessed in bands	10
Section 2: Quality of Language: based on vocabulary, verbs etc. Assessed in bands	6
Section 2: Accuracy: based on the number and effect of errors	4
	(Section 2 Total: 20)
	Foundation Tier Total: 50

Higher

Section 2: Communication, Quality of Language and Accuracy as above   20
Section 3: Communication: range, effectiveness and clarity, assessed in bands   10
Section 3: Quality of language: assessed in bands   14
Section 3: Accuracy: as above, assessed in bands   6

(Section 3 Total: 30)
Higher Tier Total: 50

Examples of Communication assessment bands:

Section 1 Exercises 2 and 3

5–6: meets all or most of the requirements set.
3–4: some omissions in fulfilling task.
1–2: only very intermittent response to task.

Section 2

8–10: all points of the task communicated; personal opinions communicated.
5–7: main points communicated in sentence form. Additional details often communicated.
1: main points communicated in short sentences.

Section 3

9–10: communicates and expands on information; narrates events with no ambiguity; communicates and justifies a range of ideas and points of view; pleasant to read.
5–6: all points of task and opinions communicated in some detail; communicates a very clear message.
3–4: all points of task and opinions communicated; despite errors, communicates a clear message including past, present and future events where required.

Examples of Quality of Language assessment bands:

Section 1

8–10: basic range of vocabulary; some awareness of verb usage with limited success.
5–7: restricted range of vocabulary; short sentences communicate simple points.

Section 2

5–6: basic style of writing; past, present and future tenses used at a basic level.
3–4: sentences may be repetitive; some limited attempt at the use of more than one tense.

Section 3

12–14: wide variety of structure and vocabulary; verb tenses used with ease.
6–8: a range of structure and vocabulary; tenses used effectively but with limitations.
3–5: limited range of structure and vocabulary; tenses used at a basic level.

Examples of Accuracy assessment bands:

Section 2

3–4: more accuracy than inaccuracy; sufficiently accurate to convey a clear message.
1–2: conveys clear message despite regular errors; inaccuracy often obscures meaning.

Section 3

6: overall impression is one of accuracy, with very few major errors.
4–5: writing is generally accurate; errors do not significantly affect the meanings.
2–3: inaccuracy does not impede expression of a range of meanings.
1: the writing is sufficiently accurate to enable a clear message to be conveyed.
0: insufficient accurate language to convey the meanings.

Note: in *coursework*, each item is marked out of 30 marks of which 10 are for communication and 20 are for quality of language. In order to achieve a communication mark of 8 or better on an individual item, you should produce 400–500 words in the three items submitted, taken together. Furthermore, to achieve a communication mark of 7 or better you must cover present, future and past tenses in the three items, taken together. To score a communication mark of 7 or more you must express personal opinions and for 9 marks or more you must justify opinions.

2 – Listening

General hints

Listening is a skill which needs to be practised. The more French you hear, the better your understanding will become. Take the opportunity to listen to French on TV, in films or on the radio. Don't feel disheartened if you can't understand it all – a vital skill is that of "gist understanding" where you can understand the general idea of what is being said even if you don't manage to pick out particular details.

The examination will test your ability to understand spoken French using a range of types of exercises, examples of which you will find on the following pages. You will sometimes be required to choose one of three possible answers (multiple choice) or you may be required to match up something you hear with a picture or statement chosen from a series or to write answers in English or in French.

Here is a check list of the main points for success in listening:

- **Study the example.** Given the wide range of question types set, it is vital that you study the example which is always given at the start of an exercise. You should familiarise yourself with the commonly used instructions such as *cochez la bonne case* (see the OCR website for a full list), but it is often as useful to study the example, as this shows you exactly what you have to do.

- **Study the questions.** Use the time made available on the recording to study the questions. It is sometimes a good idea to highlight key words such as *où, combien, à quelle heure* etc. You will always be given a little time to read the questions or study the pictures (you will hear the instructions *Lisez les questions* or *Regardez les dessins*).

- **Note where the pauses are.** In the longer exercises, the pauses are marked on the question papers to correspond with the pauses on the recording.

- **Make use of both playings.** All recordings are played twice. You may well think you know the answer after the first playing, but always check when you hear it for a second time. In the same way, don't panic if, on the first playing, you find it difficult to understand; when you hear the same material for the second time it is always easier to understand.

- **Write brief answers.** There is no need to write a long answer if one or two words are enough, provided you have given the required material. If for instance, the question asks *Quel âge a Céline?* and you have heard her say *J'ai quatorze ans*. All you need to write for your answer is "*14*".

- **Learn how to answer questions about numbers and times.** As you can see from the above example, it is always best to write numbers in figures rather than writing the words. It is very common to be tested on numbers in the examination. Be sure you learn them! When writing times, remember that "a.m." and "p.m." are not used by the French so you must not use them. Again, simply use the numbers with the letter "h" – e.g. 7h, 7h15 etc. Be familiar with the 24 hour clock, but don't feel you have to convert it to the 12 hour clock; for instance, if you hear *quatorze heures* you can write it down as "2h" or "14h" (or "2 heures" or "14 heures")

- **Learn question words.** Be sure you know the meanings of *où, qui, combien*, etc. and don't forget how the word *comment* is used to ask for a description (e.g. *Comment est la ville?* – What is the town like?).

- **Don't worry too much about the writing of answers in French.** Your French must be understandable, of course, but you will not lose marks for small errors and details such as accents, plural endings, verb endings, etc. At the same time, don't use English words in your answers. The idea is that your answers should be understandable to a French person who knows no English.

- **Highlight key words.** As well as being clear of what question words mean, be sure to read them correctly in the exam. By using a highlighter pen you can draw your attention to them and thus reduce the risk of misreading them. This applies to question words in English questions as well – it's amazing how often candidates' answers in the exam show that they have read "When" as "Where". It's easily done if you're not careful! It's also a good idea to highlight in the instruction the language in which you have to write as every year there are candidates who answer questions in French when they have heard (and read) the instruction "answer the following questions in **English**".

- **Write clearly!** As in all exams, do your best to write clearly enough for the examiner to be able to read your answer. Write in blue or black ink. Don't waste time writing in pencil then rubbing it out and rewriting your answers in ink. If you change your mind over an answer such as a letter, make your change perfectly clear so that the examiner knows which answer to mark. Never write one letter on top of another so that it could be read as two letters – examiners are instructed to mark such answers wrong!

- **Guessing answers.** It is not generally good advice to guess answers, but if you have no idea about an answer, make a **sensible guess** or, in the case of a letter selection exercise, pick a letter which you have not already used, rather than simply leaving it blank.

Now let's have a look at the types of exercises which you may have in the exam.

When you see this symbol, 📼 find the relevant exercise on the cassette.

When you see this symbol, read the questions.

Section 1: Foundation

The first exercise in the exam consists of five very short recordings. In each there is a question in English instructing you to pick one of three possible answers in picture form or to give simple answers in English. As always, you hear each French phrase twice. The questions are based on simple material such as numbers and times, foods, forms of transport, directions and so on. They are intended to provide you with a simple opening exercise to give you confidence. Most candidates score the full five marks – but it does assume that you know this simple vocabulary, so be sure you have learned the basics!

When you hear the pause signal, pause the tape. When you hear the repeat signal, rewind to the beginning of the exercise.

Here is a typical opening exercise. *Find Exercise 1 on the cassette*

Exercise 1   Questions 1–5

You are meeting a friend in town this evening to go to the cinema.

1 Which bus do you take to town?

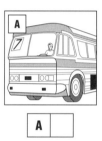 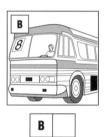 

[1]

2 What time does the next bus arrive?

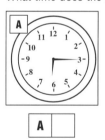 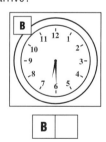 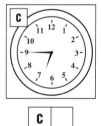

[1]

3 Where do you get off the bus?

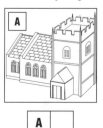 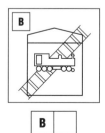 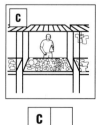

[1]

4 Which way do you go when you get off?

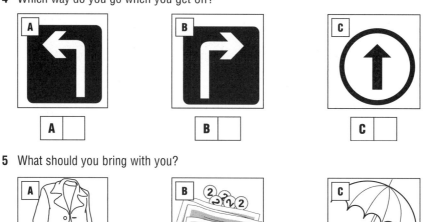

5 What should you bring with you?

[1]

[Total: 5 marks]

In the next exercise, you once again pick one of three pictures for each question, but in this case the questions are not separated by pauses. You hear a longer passage of French and there are a number of questions to test your understanding. Although it is a complete passage, there are pauses to give you time to select answers. The location of these pauses on the recording is indicated on the question page. Note also that the example is not separated from the questions – it is based on the first detail in the recording.

Exercice 2   Questions 1–8

Jean-Claude parle de son école.
Regardez les questions.
Écoutez Jean-Claude.
Pour chaque question, cochez **une** case

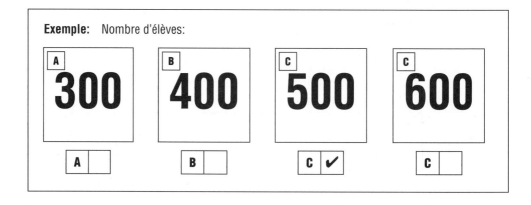

1 Voyage à l'école:

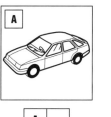   

A [ ] B [ ] C [ ] D [ ] [1]

2 Arrivée à l'école:

A [ ] B [ ] C [ ] D [ ] [1]

[PAUSE]

3 Matière préférée:

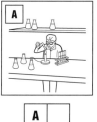  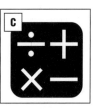 

A [ ] B [ ] C [ ] D [ ] [1]

4 Matière qu'il n'aime pas:

  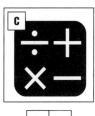 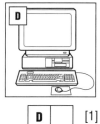

A [ ] B [ ] C [ ] D [ ] [1]

[PAUSE]

5 Pour le déjeuner, il mange

  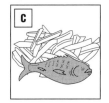 

A [ ] B [ ] C [ ] D [ ] [1]

6 Comme dessert, il mange

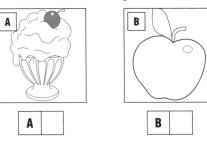
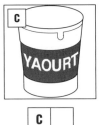
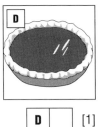

A [ ]   B [ ]   C [ ]   D [ ] [1]

[PAUSE]

7 Après le déjeuner:

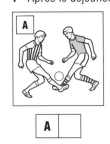
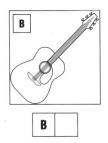
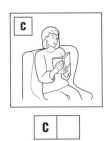
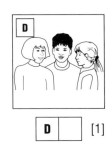

A [ ]   B [ ]   C [ ]   D [ ] [1]

[Total: 7 marks]

In this next example of a Foundation tier exercise we have a test of weather vocabulary where you select the appropriate picture to describe the weather forecast for some French towns. As you look at the pictures during the pause following that instruction, sort out what each picture is depicting and run through in your mind the French for each description. There are a couple of tricky ones here, which you may not remember. It is a good idea, therefore, to do the ones you are sure about during the first listening (for instance, you probably remember *il fait soleil* and *il neige*). When you listen for the second time, see which ones are left and see if you can match them.

Exercice 3

La Météo.
Regardez les dessins.

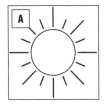

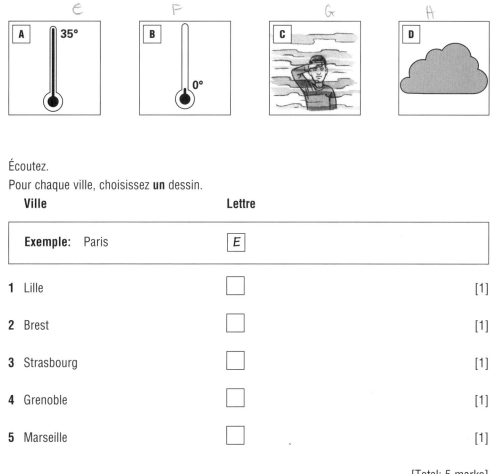

Écoutez.
Pour chaque ville, choisissez **un** dessin.

Ville	Lettre	
Exemple: Paris	E	
1 Lille	☐	[1]
2 Brest	☐	[1]
3 Strasbourg	☐	[1]
4 Grenoble	☐	[1]
5 Marseille	☐	[1]

[Total: 5 marks]

Section 2: Common Exercises

In the **Common Section,** exercises are designed to test Grades D and C (although if you are entered for Foundation Tier, you will have to perform well in the Foundation exercises in order to accumulate enough marks to reach Grade C). The passages in this section tend to be longer than in the Section 1 exercises, the pace is faster and the speakers will sometimes hesitate and repeat phrases in a different way, as people do in any language when they are speaking naturally.

You will not simply be required to pick out particular details as you do for the most part in the Section 1 exercises. A very important skill tested in this section is that of "gist understanding" – you will see examples below. You also have to show understanding of people's feelings and moods. Opinions are tested and tenses other than the present are used. One of the exercises has questions in English to answer in English.

First, an exercise with questions and answers in English.

Exercise 4

Look at the hotel reservation form.
Listen to the reservation details left by a customer on the hotel answering machine.
Fill in the details **in English.**

STATION HOTEL

Example:	DATE OF RESERVATION: ......Monday 18th May......
	NUMBER OF ROOMS: ....one..............

1 TYPE OF ROOM: .... [1]

2 SPECIAL REQUIREMENTS: ....

.... [1]

[PAUSE]

3 DATE OF ARRIVAL: .... [1]

 LENGTH OF STAY:..................two nights..................

4 MEAL(S) REQUIRED: .... [1]

[PAUSE]

5 CUSTOMER'S NAME: .... [1]

[Total: 5 marks]

Now for an exercise of the "gist comprehension" type.

Exercice 5

Des jeunes parlent de la nouvelle chanson de Céline Dion.
Regardez la grille.
Écoutez les jeunes.

Si la personne aime la chanson, cochez :	☐ **AIME**
Si la personne n'aime pas la chanson, cochez:	☐ **N'AIME PAS**
Si la personne n'a pas d'opinion, cochez:	☐ **?**

	NOM	AIME	N'AIME PAS	?
Example:	Marc	☐	✔	☐
1	Amélie	☐	☐	☐ [1]
2	Luc	☐	☐	☐ [1]
3	Caroline	☐	☐	☐ [1]
4	Yannick	☐	☐	☐ [1]
5	Anne-Lise	☐	☐	☐ [1]

[Total: 5 marks]

Now here is an example of a multiple-choice exercise of the type that you might have in this section. You will note that the passage is longer now, and spoken slightly more quickly. The speakers sometimes hesitate or rephrase. Tenses other than the present tense are used and you may be required to show understanding of the speakers' points of view.

Exercice 6

Valérie parle d'un voyage en France.
Lisez les questions 1 à 4.
Écoutez Valérie. Pour chaque question, cochez **une** case.

Exemple: Valérie est de quelle nationalité?

A ☐ Anglaise.

B ✔ Française.

C ☐ Suisse.

1 Valérie est rentrée chez elle

A ☐ en été.

B ☐ à Noël.

C ☐ au mois de mars. [1]

2 Elle a voyagé

   A ☐ en train.

   B ☐ en avion.

   C ☐ en auto.   [1]

[PAUSE]

3 Elle est arrivée au port

   A ☐ de bonne heure.

   B ☐ juste à temps.

   C ☐ en retard.   [1]

4 Au port

   A ☐ elle a pris le dîner.

   B ☐ elle s'est reposée.

   C ☐ elle a acheté des cadeaux.   [1]

Finally in this section, a passage with questions and answers in French. Read the tips in the introduction to the listening section on pages 9 and 10 concerning the writing of answers in French.

Exercice 7

Isabelle parle des vacances.
Lisez les questions 1 à 3.
Écoutez Isabelle et répondez aux questions **en français**.

> **Exemple:** En quel mois Isabelle est-elle allée en vacances?
> *au mois d'août*

1 Où est-elle allée en vacances?   [1]
2 Quel temps a-t-il fait?   [1]
[PAUSE]
3 Qu'est-ce que Isabelle a fait en vacances? (Donnez **deux** activités) [2]

[Total: 4 marks]

Section 3: Higher

Higher Tier, as you know, gives access to Grades B and above. It consists of the Common section (see above) which is also part of Foundation Tier, and the Higher section. Examples of

Higher exercises follow. In order to secure a good mark on this tier, you obviously have to perform well on the Common section. Although you can expect the Higher section exercises to be more difficult than those on the Common section, it is important that you perform to your best ability on both sections in order to reach enough marks to secure the grade you want. A combined mark of about 20 out of 50 for the two sections is usually enough for Grade C, whilst for Grade A you need to score around 37 marks.

In the Higher section you can expect the French to be read more quickly, sometimes imitating the style of radio announcements such as news bulletins, weather forecasts etc. Gist comprehension is used a lot in this section. There are almost certain to be a few words that you do not understand, but you must not let this put you off. Use both playings so that you can understand as well as you can what is being said, bearing in mind the advice given at the start of this section to read the questions carefully, note the location of the pauses etc. You will be required to draw conclusions from what you hear and recognise points of view, attitudes and emotions. One exercise will have questions in English requiring answers in English – **this will be the final exercise in the section.**

To start with, here is an example of a gist-comprehension exercise in which you have to work out the subject matter of a number of extracts from French radio.

Exercice 8

Vous allez entendre quelques extraits de la radio française.
Lisez la liste A à I.
Écoutez et, pour chaque extrait, choisissez la lettre qui correspond le mieux.

A météo
B sport
C publicité
D accident de route
E incendie
F on attrape des voleurs
G on punit des collégiens
H fermeture d'un hôpital
I bébé abandonné

Exemple: *E*   1 ☐   2 ☐   3 ☐   4 ☐   5 ☐   6 ☐   [6]

Next, another exercise in which you simply select the appropriate letters, but this time you have to identify each person's opinion. This is not an easy exercise – take your time reading the opinions.

Exercice 9

Vous allez entendre des interviews au sujet de l'Euro, la monnaie unique européene.
Lisez les opinions **A** à **H**.
Écoutez les interviews et, pour chaque personne, choisissez la bonne lettre.

Opinion:
A il y a du bon et du mauvais.
B il y a des choses d'une plus grande importance.
C une bonne idée. **(EXEMPLE)**
D une mauvaise idée.
E il/elle ne sait absolument rien de l'Euro.
F ce sera bon pour certaines nations.
G difficile à juger à présent.
H on payera tout plus cher.

Exemple: Mme. Leblanc — C

| **1** M. Morel | ☐ | **2** Mme. Lefèvre | ☐ | **3** M. Rongier | ☐ |
| **4** M. Duval | ☐ | **5** Mme. Jolivet | ☐ | **6** M. Arnaud | ☐ |

[6]

This next exercise is in two parts. In the first part, you select words to complete sentences and in the second you answer questions in French. There will occasionally be exercises of this type in the exam where you have two styles of questions, but there will always be an example at the start of each part, showing you what you have to do.

Exercice 10 (a): Mme. Ballard

Vous entendrez une interview avec deux Français, Mme. Ballard et M. Leclerc. Ils parlent de leur passé et ils donnent leur opinion sur les jeunes d'aujourd'hui.
Lisez les questions 1 à 5.
Écoutez et, pour chaque question, encerclez **un** des trois mots donnés pour compléter la phrase.

Exemple: Les deux invités écoutent l'émission
rarement   quelquefois   (souvent)

1 Les deux invités sont "spéciaux" à cause de leur

expérience   vieillesse   simplicité   [1]

[PAUSE]

2 Les parents de Mme. Ballard étaient

          difficiles   pauvres   malheureux   [1]

3 Les parents de Mme. Ballard se sont

          aimés   disputés   séparés   [1]

[PAUSE]

4 Selon Mme. Ballard, les jeunes d'aujourd'hui ont trop de/d'

          problèmes   ordinateurs   possessions   [1]

5 L'attitude de Mme. Ballard envers les jeunes est assez

          hostile   jalouse   favorable   [1]

[Total: 5 marks]

Exercice 10 (b): M. Leclerc

Lisez les questions 6–10.
Écoutez et répondez aux questions **en français**.

> **Exemple:** Comment M. Leclerc décrit-il sa vie?
>
> *... avec des hauts et des bas ...*

6 Qu'est-ce qu'il a apprécié dans la vie? [1]

7 Quelles étaient les **deux** périodes les plus difficiles de sa vie? [2]

[PAUSE]

8 Que pense M. Leclerc des jeunes d'aujourd'hui? [1]

9 Selon M. Leclerc, quelle est la cause principale du manque de travail aujourd'hui? [1]

10 Quelle est l'attitude de M. Leclerc envers l'avenir? [1]

[Total: 6 marks]

Here is another example of a "gist" exercise in which you have to understand what has happened to six people by selecting the correct description from a list.

Exercice 11

Vous allez entendre des gens qui parlent de quelque chose qui s'est passé.
Lisez la liste A à I.
Écoutez et pour chaque personne, écrivez la lettre qui correspond le mieux.

Ce qui s'est passé

A a trouvé du travail.

B a perdu quelque chose.

C a eu un bon repas.
D a manqué le train.
E a passé un examen.
F a fait des courses.
G a passé des vacances superbes.
H a été malade.
I a choisi un cadeau d'anniversaire.

Question	Personne	Lettre
Exemple	Céline	C

		Lettre	
1	Paul		[1]
2	Muriel		[1]
3	Serge		[1]
4	Laure		[1]
5	Julien		[1]
6	Anne		[1]

[Total: 6 marks]

The last example of a Section 3 exercise is one in which you answer in English. There will be one such exercise on this section, always worth 5 marks and always **the last exercise.** It's a good idea to use a highlighter pen over the instruction to answer in English.

Exercise 12

You will hear an item from French radio about basketball in America.
Read the questions.
Listen to the item and answer the questions **in English**.

> **Example:** What reputation do the Americans have in basketball?
>
> ... They are the greatest ...

1 What proved the Americans' superiority at basketball in 1996?

   _____ [1]

2 What is said in the opening comments about the extent of Michael Jordan's fame?

   _____ [1]

[PAUSE]

3 What help is given to the best basketball players whilst at university?

_____ [1]

[PAUSE]

4 Apart from the training and the pay, what aspect of the professional basketball player's life is mentioned?

_____ [1]

5 How much money are we told Michael Jordan earns?

_____ dollars per _____ [1]

[Total: 5 marks]

Answers and tips

Exercise 1 Answers

1 C   **2** B   **3** B   **4** A   **5** C

Key vocabulary to revise – *numbers, times, places in town, directions*. These occur **very** frequently in the listening examination!

Exercice 2 Answers

1 C   **2** A   **3** D   **4** B   **5** B   **6** A   **7** D

Q.1 Don't forget that *en car* means "by bus/coach" and **not** "by car"! This is obviously a very easy error to make and the word often occurs in the exam, so be sure to learn it!

Q.2 Do listen to the time carefully **on both playings**. A lot of candidates would pick "8 o'clock" through concentrating only on the first part of *huit heures moins le quart*. It's a good idea to work out the French for the three different times quickly while you have time to look at the pictures, then you can be better prepared to pick out the correct one.

Q.3/4 Learn the French for school subjects, including the more difficult ones such as *travaux manuels* (CDT) and *informatique* (ICT) and don't forget that the French use *dessin* for "art".

Q.5 All three plates have chips, so you don't need to listen out particularly for *frites*. Don't get confused with *poisson* ("fish") and *poulet* ("chicken"), both of which often come up in the exam. Don't mix up *poisson* with *boisson* ("drink") either!

Q.6 The phrase *je parle avec mes copains* is not that straightforward, but here you could arrive at the correct answer by eliminating the others. You know that *football* and *guitare* sound very similar in English and French, so if you don't hear either you can be pretty sure that the third one will be the correct answer.

There may have been one or two answers that you weren't sure of, but remember the advice given earlier – don't hurry to answer all the questions during the first playing. Take advantage of the second playing in order to make your decision.

Exercice 3 Answers

1 A   **2** D   **3** F   **4** C   **5** G

Tips

In this type of exercise, cross off the letters as you use them in order to see which remain when you have done those you know. Never leave a question unanswered. Use a different letter each time, unless it states otherwise.

Weather is a fairly common topic in the exam, so be prepared for it. Be sure to be able to distinguish between *chaud* and *froid*. The topic is sometimes tested in Section 2 and you may encounter more difficult expressions such as *ensoleillé* (based on *soleil*), *pluie* (based on *il pleut*), *une averse* (meaning "a shower of rain") *brume/ux* ("mist/y") and *éclaircie* ("a bright interval"). In the listening exam, the topic is often tested in the form of a weather forecast, so you may hear expressions using the **future** tense (e.g. *il pleuvra, il fera beau, il y aura du brouillard,* etc.).

Exercice 4 Answers

1 for two people (double)   **2** with shower **or** on ground floor   **3** 15th.June   **4** breakfast
5 LANVIN

Tips

Be quite sure to note that answers must be **in English!** On this section of the exam it is always the **FIRST** exercise where English is required. Always remember to study the example carefully – this will remind you of what language to use.

Careful listening is required for Q.4; the customer says that he **doesn't** want dinner – so don't include it in your answer!

You need to be familiar with the sounds of letters in French. Remember in particular that the sound "ee" is the letter **I** in French. Letter **E** in French is pronounced "euh".

Exercice 5 Answers

1 *Aime*   **2** *Aime*   **3** *N'aime pas*   **4** ?   **5** *N'aime pas*

Tips

When asked whether or not they like the song, the young people do not simply answer *oui* or *non*. You need to show understanding of words and phrases such as *formidable, vraiment bien, ennuyeuse* and so on. You need to understand in Q4 that Yannick hasn't heard the song (*je ne l'ai pas entendue encore*) so can't give an opinion. The last question is tricky; it sounds as if Anne-Lise likes the song (she uses words such as *formidable* and *fantastique*) but she is in fact saying what **others** think about it and you have to listen through to her final phrase when she says *je ne l'ai pas du tout aimée*. Don't forget the phrase *ça me plaît* which is used very often to mean "I like it". Luc uses it in Q.2 in the past tense – *ça m'a plu* – meaning "I liked it".

Exercice 6 Answers

1 B – à Noël **2** C – en auto **3** A – de bonne heure **4** B – elle s'est reposée

Tips — Remember the advice given in the listening hints on page 9 to make use of both playings before picking your answers. Q.1 is quite easy and on Q.2 you simply have to equate *ma voiture* on the recording with *en auto* in the question. The other two questions, however, are more difficult. You would need to know that *de bonne heure* means "early" (learn the phrase!) and be able to match it with *en avance* on the recording. In Q.4 you do in fact hear the verb *se reposer* on the recording, though it is in the past tense on the paper. Learn this verb, which means "to rest" and do not forget that *rester* means "to stay".

Exercice 7 Answers

1 *(au bord de) la mer*   **2** *il n'a pas fait beau / il a fait mauvais / il a plu*
3 (a) *(elle s'est) détendue / (elle a) dormi*   [**or** *(elle s'est) promenée*]   **(b)** *(elle a) lu*

Tips — Note how the answers can be quite short (you don't even need to include the words in brackets in the above answers). There is no need to impress the examiners with long answers in French – it is your understanding of French which is being tested on this paper, not your ability to write it. You must be sure of the meanings of question words and phrases such as *où, qui, quel, qu'est-ce que, à quelle heure* etc. You need to listen carefully on Q.2 to note that Isabelle said that the weather **wasn't** fine. She adds *très peu de soleil* which means that there was very little sunshine. There's also a clue that the weather wasn't that good because she uses the word *malheureusement* – a useful word to know, meaning "unfortunately". Also in Q.3, she said *je n'ai pas nagé*, so this **wasn't** one of her activities. Listen out for the negative words *ne* and *pas* – your ability to pick these out is often tested. Note that a question like *Qu'est-ce qu'elle a fait?* usually requires a verb in the answer, but you could use the nouns *promenade* instead of the verb *se promener* and *lecture* instead of the verb *lire*.

Exercice 8 Answers

1 D **2** G **3** A **4** I **5** B **6** F

Tips — How did you spend the time available to study the questions? Obviously you need to sort out what each of the headings means. Perhaps you didn't know *incendie* (it means a fire and is a useful word to know) but you would no doubt have noticed that this was used in the example so won't be required a second time. The word *fermeture* might be new to you, but you could have a pretty good guess that it is based on the verb *fermer* (to close). In the same way, you could work out that *collégiens* is based on the word *collège* and must refer to people (i.e., students) as they are punished. Some of the French in these extracts is difficult but, as mentioned in the introduction, you are not expected to know all the words but to draw conclusions as to the subject matter of the extracts on the basis of words that you recognise. In Q.1, for instance, the words *véhicules, blessés, autoroute, gendarmes* and *conducteur* all give you hints that this is about a road accident. In Q.3, similarly, the words *pluies, orageuses, températures* and *vent* suggest a weather forecast. But be careful! Sometimes extracts include words that might lead you mistakenly to the wrong answer – Q.4 mentions *hôpital*, but H is not the correct answer and the *nuage* referred to in Q.2 was a cloud of smoke and not a cloud that might have been mentioned in the *météo* (in this case the phrase used was *journée nuageuse*). Note the frequent use in these extracts of the phrase *a été* meaning "was" as in *a été retrouvé* ("was found"), *a été battu* ("was beaten") and in the plural *ont été arrêtés* ("were arrested"). This is the **passive** form. Check it in the grammar section.

Exercice 9 Answers

1 G **2** D **3** A **4** H **5** B **6** E

Tips

What makes this exercise difficult is the fact that you have to read and understand the opinions first before hearing what the people have to say and you then have to match the gist of what they say with the appropriate opinion. It is important, therefore, to study the opinions carefully. Pick out the key words and look for the differences. You could perhaps make very brief notes in English about the content, as follows:

A two sides (good and bad)   **B** more important things   **(C used – cross off)**

D bad   **E** no idea   **F** good for some countries

G difficult to judge now   **H** everything more expensive

The phrases you hear that match the above are:

A (Q.3)   *du pour et du contre. Il y a du bon … mais d'un autre côté …*

B (Q.5)   *il y des choses bien plus importantes*

D (Q.2)   *c'est pas du tout une bonne idée* (you need to be able to identify the negative)

E (Q.6)   *C'est quoi ça? Je ne vois pas ce que c'est. C'est quoi donc?*

G (Q.1)   *j'aimerais bien avoir un peu plus de renseignements pour former plus tard mon propre jugement*. (he wants to make up his mind *plus tard* (**later**)).

H (Q.4)   *les prix vont sûrement augmenter* (learn the verb *augmenter* = to increase)

Exercice 10 (a) Answers

1 *expérience*   **2** *pauvres*   **3** *aimés*   **4** *possessions*   **5** *favorable*

Tips

You need to listen carefully both times before being able to select your answers with certainty. You need to be able to match *mes parents n'avaient pas beaucoup d'argent* with the word *pauvres* in Q.2. Once again, you need to be able to distinguish the **negatives** in Q.3 in the phrase *ils ne se sont pas séparés … et ils ne se sont jamais disputés non plus*. In Q.4, *ordinateurs* are mentioned, but only as an example of young people's possessions (*des vélos, des voitures, des téléviseurs, des ordinateurs, des choses comme ça*). The final question tests your understanding of the lady's attitude – the gist of what she says about young people.

Exercice 10 (b) Answers

6 *il a vu le monde / ses enfants*   **7** *la guerre; le chômage*   **8** *paresseux*
9 *informatique / technologie moderne*   **10** *pessimiste / ça va continuer*

Read the questions carefully and be sure you understand the question words. Always look out for the phrase *que pense* which tells you that an opinion is required. Note also the word *selon* (Q.9) meaning "according to" (i.e., in his/her opinion). You need to be aware, in Q.6, that the phrase *qu'est-ce qu'il a apprécié* will correspond to *les hauts* ("the high points") in the text. Learn the words to do with unemployment – *chômage, chômeur* (Q.7). Note that the answers given above are **example** answers which can be expressed in a number of ways; in Q.8, for example, you could just have well written *ils ne travaillent pas* as it gives the concept of laziness. Q.10 is difficult; you need to try and convey M. Leclerc's pessimistic attitude. He uses the phrase *ça sera encore pire* which means that things will be even worse.

Exercice 11 Answers

1 F   **2** H   **3** B   **4** A   **5** E   **6** D

Again, remember the tip about listening carefully to both playings before you make your choices. Listen out for clues that seem to suggest each situation, but be careful not to be misled by failing to listen carefully right through what each person says. Here are the clues which could have helped you select the correct answers:

1 – *je suis allé acheter / j'ai acheté / je suis allé au supermarché* – all examples of *faire les courses* in F.

2 – *je ne me sentais pas bien* (the verb *se sentir bien* means "to feel well" – here it is in the negative) / *je me suis couchée / je suis restée au lit / je n'ai rien mangé / faible / des médicaments* – all give the idea of *malade* in H. Note the verb *se remettre* (past tense *je me suis remis(e)*) meaning "to get better" and also the adjective *faible* meaning "weak".

3 – *je (ne) sais plus où elle est / c'est embêtant / je dois aller au bureau des objets trouvés* – these all suggest that he has lost something (B). But be careful! Serge also mentions that the lost watch was *un cadeau d'anniversaire* but statement I, which contains this phrase, is **not** the correct answer! He also talks about *travail* but the answer isn't A!

4 – *J'avais écrit des lettres…sans réussir / Je reçois une lettre / Chouette! Je vais commencer*. These all give a hint of her success in finding a job. Note the useful verb *réussir* ("to succeed") and the phrase *sans réussir* ("without succeeding").

5 – *Je l'ai trouvé difficile / les premières questions / la composition*. He's been taking an exam. But don't forget that *passer un examen* simply means "to take an exam", not "to pass". For the idea of passing an exam use the verb *réussir* mentioned above.

> **6** – *Quelle horreur! / réserver une place / faire la queue au guichet / je suis descendue au mauvais quai / Que je suis bête!* – something went wrong at the station, so it must be D.
>
> Note how the word *mauvais* is used to mean "wrong". Similarly use *bon* for "right" as in *le bon chemin* ("the right way").

Exercise 12 Answers

1 *They won the gold medal at the Olympics*   **2** *known throughout the world*   **3** *their studies are financed.*
4 *the travel / number of matches*   **5** *100,000 dollars per day.*

> Tips
>
> Give brief but full answers – there is no need to write in sentences. Learn the phrase *le monde entier* (Q.1) meaning "the whole world" – remember that *tout le monde* means "everyone". There are two possible answers for Q.4, but if you choose to write down the number of matches played, be careful to get the number right (80) – if you include an incorrect detail such as a wrong number, you will lose the mark. On the final question, be careful to write "day" and not the French word *jour* (it's easily done!).

3 – Reading

General Hints

A number of the hints given for listening (see page 9) apply to the reading component, but the most important will be repeated below.

In your French reading examination you will have a range of different exercises, some requiring answers in French, some in English. You will also be required to match sentences to pictures, statements to short extracts, pick the correct answer from alternatives and so on. Usually at Foundation Tier it is purely your understanding of French texts that is being tested, but at Higher Tier, in addition, you are required to identify opinions and emotions and draw conclusions.

The material may consist of simple signs, instructions, magazine and newspaper articles or letters. Texts may be printed, hand-written or in a word-processed form. You will see a range of examples in the following pages.

Here are the main points to bear in mind when doing the reading exam.

- **Watch the time!** You will have 45 minutes (Foundation Tier) or 50 minutes (Higher Tier) to answer questions on several exercises worth 50 marks in total. Time can go quickly and you need to work efficiently. Remember that the later exercises will generally be more difficult and will therefore take up more of your time. If you find a particular question difficult, leave it and move on, but be sure to make a note that you will need to return to that question in any spare time that you have at the end of the exam. It is a good idea to have a quick look through the paper before you start so that you can see how many exercises there are.

- **Study the instructions and examples.** At the start of each exercise you will read instructions about what to do. These should be familiar to you but don't panic if you can't quite understand what is meant, because the example, which always comes before the questions, should make it clear what you have to do.

- **Read the material through first.** Read the whole text, letter etc. before trying to answer the questions. Read it fairly quickly first, without worrying about words that you don't understand (there are likely to be some) then look at the questions and try to locate the required information in the text.

- **Read the questions carefully!** Use a highlighter pen to emphasise key words such as question words. Note how many marks are available for each question and how much space is provided for your answer. Look out for questions asking for more than one answer such as "what **two** things does he say about school" or in French "*Donnez **deux** détails au sujet de son collège*".

- **Give full, but concise answers.** The examination tests your understanding of written French, so you need to demonstrate how well you understand. However, there is no need to write long answers if brief ones are sufficient. Don't bother about writing complete sentences. Express numbers in figures (e.g. 25) rather than words (twenty-five / *vingt-cinq*) but do be sure to write down everything you understand that might be relevant to an answer.

- **Beware of including incorrect information.** Despite the above point, do be careful not to add incorrect details to your answers. If you give a correct answer and then add information which is not in the text you are likely to lose the mark.

- **Answer in the correct language!** Every year there are candidates who answer in English when French is required or (just as frequently) in French when English is asked for. Even though your answer might show that you have understood, you will not be awarded the mark if you have used the wrong language.

- **Write in understandable French.** As long as your French is understandable, where answers in French are asked for, you will not lose marks for errors such as poor spellings, missing accents etc. You do not, therefore, need to spend too long checking the accuracy of your French, though it does need to be good enough to be understandable.

- **Write neatly and clearly.** This is an obvious point and applies to any written examination, of course, but you must write clearly enough for the Examiner to know what you mean. It is particularly important to make any changes clear. If you change your mind, be sure to cross out the answer that you do not wish the Examiner to mark (don't simply bracket it). If Examiners see two answers, they are instructed to mark the one on or nearer to the line. Be particularly careful with answers requiring a letter to be written in a box; careless handwriting can make an E look like an F or a C like a G, for example. Beware! If the letter you have written looks as if it could be interpreted in two ways, Examiners are instructed to mark such an answer wrong.

- **Guess sensibly.** However efficiently you have learned vocabulary, there will almost certainly be words in the exam texts that you don't know. Don't worry! It is quite possible that knowledge of a particular word is not tested in the questions anyway. However, your ability to understand gist, and to make a sensible guess of the meaning of a word from the context (i.e. what is around it) is an important skill of language learning and this will be tested in the exam.

- **Learn vocabulary during the years before the exam.** You are not permitted to use a dictionary in the examination, so regular learning of vocabulary during the years leading up to the examination is vital. You can access the core vocabulary on the OCR web-site and you will no doubt have lists of words in your textbook. Test yourself regularly on the meanings of the words, or ask friends or relatives to test you. Work with friends preparing the same examination and test each other.

Now let's look at some example exercises. You will probably find the first few quite easy, but they become progressively more difficult. Try them for yourself then check your answers to see how well you did. If you do well on the Foundation Tier exercises, try the Higher Tier ones. This could help you decide which Tier to attempt when you do the exam for real. Read the tips carefully and note the advice!

Section 1: Foundation

The opening exercise tests your understanding of five short texts (sometimes simply single words) such as signs, adverts and messages. You are given a choice of three possible answers for each.

Exercise 1

Answer each question by ticking **one** box only.

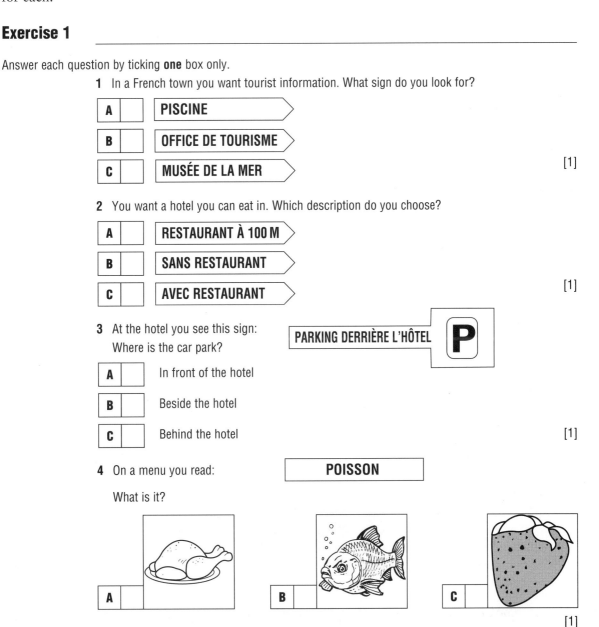

1 In a French town you want tourist information. What sign do you look for?

   A   PISCINE
   B   OFFICE DE TOURISME
   C   MUSÉE DE LA MER   [1]

2 You want a hotel you can eat in. Which description do you choose?

   A   RESTAURANT À 100 M
   B   SANS RESTAURANT
   C   AVEC RESTAURANT   [1]

3 At the hotel you see this sign: PARKING DERRIÈRE L'HÔTEL
   Where is the car park?

   A   In front of the hotel
   B   Beside the hotel
   C   Behind the hotel   [1]

4 On a menu you read: POISSON
   What is it?

   A   (chicken) B   (fish) C   (strawberry)   [1]

5 There is a message from a French friend, arranging to meet you.

> *Rendez-vous à dix heures devant l'église.*

Where are you to meet?

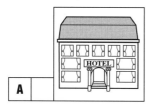  

A   B   C

[1]

[Total: 5 marks]

Now you have rather more reading to do. Look at the pictures (or "icons") for each question and match them with the statements or questions.

Exercise 2

Lisez.

EN VILLE

A Je cherche l'église.
B Il y a une auberge de jeunesse?
C Je voudrais aller à la piscine.
D Nous voulons manger.
E Nous pouvons regarder un bon film?
F Je veux faire le plein d'essence.
G Où est le château?
H Est-ce qu'il y a un stade en ville?
I Je dois prendre le train. Où est la gare?
J J'ai envie d'aller au concert.
K Est-ce qu'il y a un camping près d'ici?

Qu'est-ce qu'ils cherchent?
Écrivez la bonne lettre.

Exemple:

B

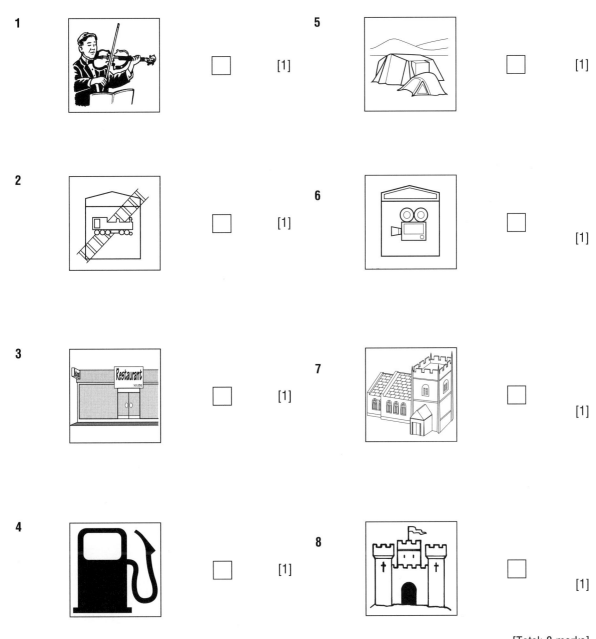

34 Reading

In this exercise you match statements to different places in the station.

Exercise 3

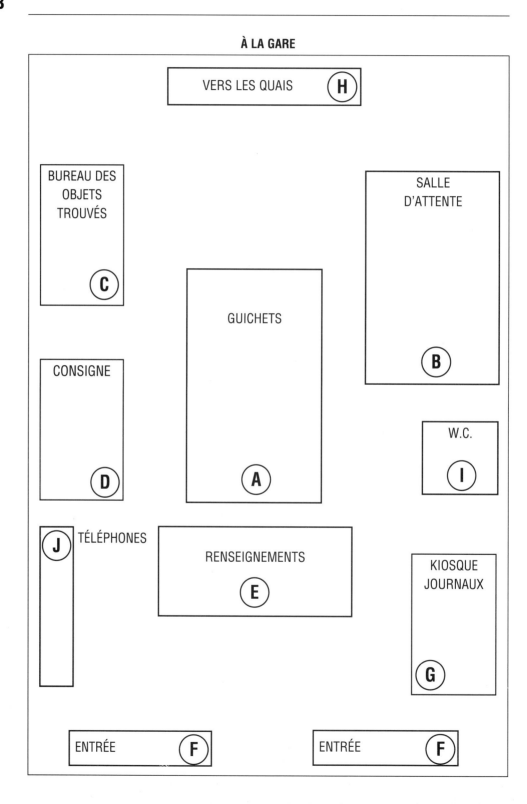

Où faut-il aller?
Écrivez la bonne lettre.

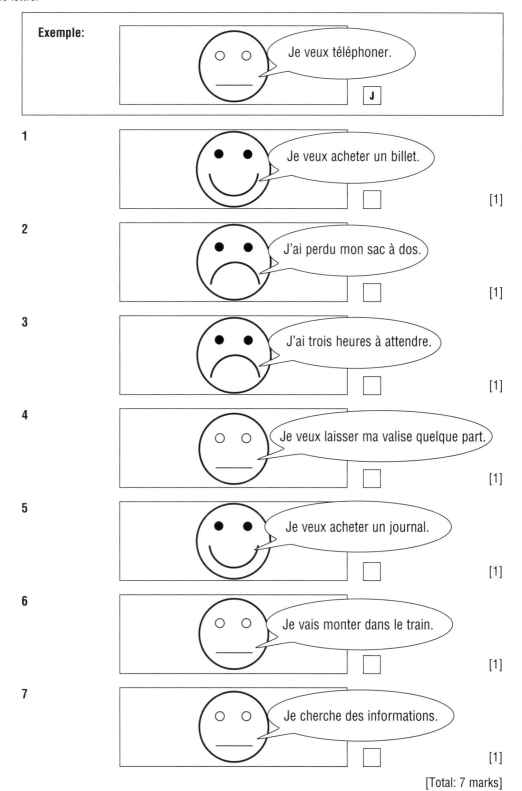

[Total: 7 marks]

Reading

In this exercise, you read a text and then complete 5 sentences in French.

Exercise 4

Lisez ce dépliant.

Hôtel de la Plage

Situation: À 500 m du centre-ville, en face de la plage

Dates d'ouverture: L'hôtel est ouvert de mars à octobre.

Chambres: Il y a quarante chambres, toutes avec douche.

Restaurant: Notre chef vous propose ses spécialités de poisson et de fruits de mer.
Le restaurant est ouvert tous les jours sauf le lundi.

À côté de l'hôtel se trouve un grand parking, gratuit pour les clients de l'hôtel.

Complétez chaque phrase.
Choisissez les mots dans le texte.

Exemple: L'hôtel est situé à 500 m du _____centre-ville_____

1 En face de l'hôtel il y a une _____. [1]

2 L'hôtel n'est pas _____ en hiver. [1]

3 Dans toutes les chambres il y a une _____. [1]

4 Le restaurant est fermé le _____. [1]

5 Pour les clients de l'hôtel, le parking est _____. [1]

[Total: 5 marks]

In the next example, you have to read a letter and then answer questions about it by picking the correct visual answer.

Exercise 5

Lisez cette lettre.

> Salut!
>
> Je vais te parler de mon école.
>
> Eh bien, il y a six cents élèves.
>
> C'est une école pour garçons et filles.
>
> Les bâtiments sont modernes et assez grands.
>
> Pendant la récréation on sort dans la cour et à midi presque tout le monde mange à la cantine.
>
> Ma matière préférée est l'informatique parce que je la trouve facile et intéressante.
>
> Je n'aime pas lire, les livres ne m'intéressent pas du tout.
>
> Tous les lundis j'ai des devoirs de chimie et le mardi j'ai des maths.
>
> Au revoir.
>
> Ahmed

Pour chaque question cochez la bonne case.

Exemple: Combien d'élèves à l'école?

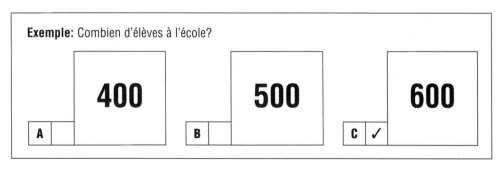

1 Quelle sorte d'école?

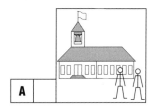 A 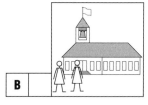 B 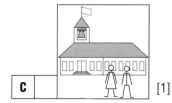 C [1]

2 À midi Ahmed …

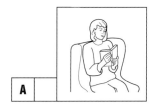 A  B  C [1]

3 La matière la plus intéressante pour Ahmed, c'est …

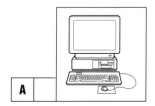 A  B  C [1]

4 Une activité qu'il déteste …

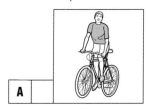 A  B 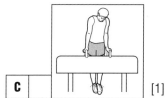 C [1]

5 Devoirs le lundi …

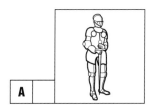 A 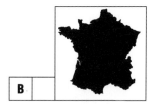 B  C [1]

6 Devoirs le mardi …

 A 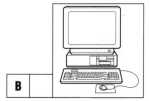 B 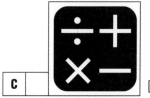 C [1]

[Total: 6 marks]

Section 2: Common Exercises

The following three exercises are examples of those which would appear in both Foundation and Higher Tier papers.

Here is a matching exercise with instructions in English, though again, studying the example should make it clear what you have to do.

Exercise 6

Read these extracts.

PIERRE	J'aime bien le fast food et j'adore manger chez McDo. Dans un restaurant traditionnel c'est beaucoup plus cher.
MARIE	La cuisine n'est pas très importante pour moi. Je mange parce que je dois manger pour vivre. Les Français mangent trop.
ALAIN	Moi, j'adore les hamburgers et j'en mange beaucoup, surtout quand je suis avec mes copains. Je n'aime pas les légumes. Ma mère fait des efforts pour me faire manger les "bonnes choses" mais j'y résiste.
CATHERINE	Tous mes copains dévorent les hamburgers mais moi non. Je préfère les fruits et le fromage. Je ne mange pas de viande. Ma mère me dit que je ne mange pas assez mais je me sens bien et je surveille ma ligne!

Match the people to the statements below. You may use some names more than once.

Example: I am a vegetarian. ....*Catherine*................

1 French people eat too much. .... [1]
2 I don't take much interest in food. .... [1]
3 I don't want to get fat. .... [1]
4 I don't like eating what people say is good for me. .... [1]
5 I prefer to go out to a place where I can eat quite cheaply. .... [1]

[Total: 5 marks]

Here is a tricky exercise which provides a good test of your understanding of French and the way sentences are constructed.

Exercise 7

Lisez cette lettre.

> Bonjour!
>
> Je vais te parler de ma famille. Nous sommes quatre dans ma famille. Il y a mon père, ma mère, ma sœur Sylvie et moi.
>
> Mon père est représentant. Il vend des produits médicaux. Il passe tout son temps à voyager pour visiter les hôpitaux. Ma mère est professeur de sciences au lycée. Ma sœur est à la faculté. Elle étudie l'anglais.
>
> Nous n'avons pas d'animaux, pourtant j'aimerais bien avoir un chien.
>
> Si ma mère rentre tôt, c'est elle qui prépare le dîner, mais elle n'aime pas trop faire la cuisine. On ne mange pas très tôt, pas avant huit heures et demie.
>
> Généralement tout le monde aide à la maison. Je n'aime pas faire la cuisine mais je mets la table, je fais la vaisselle et je travaille au jardin aussi.
>
> Que fais-tu à la maison? Écris-moi bientôt.
>
> Christophe

Complétez ces phrases.
Pour chaque phrase écrivez **un mot** qui convient.

Choisissez dans cette liste:

anglais   **lycée**
animaux   ~~**quatre**~~
Christophe **question**
déjeuner   **Sylvie**
deux   **travaille**
dîner   **trois**
fait   **voyage**
lettre

Exemple: Il y a .... *quatre* .... personnes dans la famille.

1 Il y a .... enfants. [1]

2 Le père de Christophe .... beaucoup pour son travail. [1]

3 La mère enseigne au .... [1]

4 .... est étudiante. [1]

5 Ils n'ont pas d' .... domestiques. [1]

6 On prend le .... après huit heures et demie. [1]

7 Christophe .... beaucoup pour aider. [1]

8 Il .... au jardin. [1]

9 À la fin de sa lettre Christophe pose une .... [1]

10 Christophe désire recevoir une .... [1]

[Total: 10 marks]

Now an exercise with questions and answers in French.

Exercise 8

Lisez cette lettre.

> Salut!
>
> Je suis très contente d'avoir une correspondante anglaise.
>
> Je suis fille unique et j'habite près du centre avec ma mère et mon chat Polo. Ma mère est pharmacienne et mon père est professeur. Ils sont tous les deux très gentils. Mon père n'habite plus avec nous. Mes parents sont divorcés. De temps en temps je sors avec mon père ou je vais chez lui. Il y a deux semaines il m'a emmenée à la patinoire. En janvier l'année prochaine on ira ensemble dans les montagnes.
>
> Au collège je suis assez forte en maths mais je trouve les langues difficiles. Pour aller au collège, je porte un jean et un blouson, comme les autres. Les vêtements ne m'intéressent pas tellement. De toute façon, je n'ai pas assez d'argent pour me payer des vêtements de marque.
>
> Pour le moment je ne sais pas ce que je voudrais faire comme carrière. Je sais que je ne veux pas suivre l'exemple de mes parents.
>
> Ma mère me donne un peu d'argent de poche chaque semaine mais pour cela je suis obligée de faire la vaisselle tous les jours.
>
> Que fais-tu à la maison? Est-ce que tu dois aider tes parents?
>
> Sylvie

Répondez **en français** aux questions suivantes.

Exemple:	Question:	Sylvie, pourquoi est-elle contente?
	Réponse:	***Elle a une correspondante***

1 Que fait la mère de Sylvie dans la vie? [1]
2 Son père, comment est-il? [1]
3 Pourquoi est-ce qu'il n'habite plus avec Sylvie? [1]
4 Qu'est-ce que Sylvie a fait récemment avec son père? [1]
5 Pourquoi est-ce qu'elle ne porte pas de vêtements de marque? (Donnez deux raisons) [2]
6 Qu'est-ce qu'elle voudrait faire comme métier? [1]
7 Que fait-elle pour gagner de l'argent? [1]

[Total: 8 marks]

Section 3: Higher

These are the most demanding exercises in the Higher Tier. The texts are now longer and in addition to comprehension of the texts, you are tested on gist and the ability to identify attitudes and emotions and to draw conclusions.

In this exercise you have a letter sent to an "agony aunt" and the answer given to it.

Exercise 9

Lisez cette lettre et la réponse de Julie.

COURRIER DU CŒUR

Chère Julie,

J'ai plusieurs problèmes. Tout d'abord, je pèse 55 kilos pour 1.68m. J'ai dix-huit ans. Je suis une fille très timide. Quand un garçon me regarde, je rougis. Il y a un garçon au bureau, Jean-Paul, que j'aime beaucoup, mais quand il me regarde ou lorsqu'il vient près de moi, je rougis, je tremble, et je perds tous mes moyens. Je suis trop timide pour lui parler. Je ne suis jamais sortie avec un garçon, bien que mes copines disent que je suis mignonne. J'espère que vous me répondrez.

Aline

Et voici la réponse.

Peser 55 kilos pour 1,68 est absolument le bon rapport taille/poids. Ne sois pas complexée, car tu es certainement dans les normes. Quant à ta timidité vis-à-vis des garçons, elle est également normale car les relations avec les autres sont plus compliquées que pendant l'enfance. Tu éprouves des sentiments nouveaux et perçois les garçons non plus comme des camarades de jeux mais comme des êtres totalement différents de ceux que tu connaissais jusqu'à présent. Ce trouble va disparaître avec le temps mais est très fréquent chez les jeunes. Peut-être que ce jeune homme au bureau éprouve les mêmes bouleversements que les tiens. Peut-être n'ose-t-il pas te parler, lui non plus…

Julie

C'est qui?

Pour chaque phrase cochez la case "Aline" **ou** "Julie".

	Aline	Julie
Exemple: Elle pèse 55 kilos.	✓	☐

		Aline	Julie	
1	Elle n'a pas beaucoup de confiance.	☐	☐	[1]
2	Elle se croit trop grosse.	☐	☐	[1]
3	Elle comprend les émotions des jeunes.	☐	☐	[1]
4	Elle est en train de découvrir ses propres sentiments.	☐	☐	[1]
5	Elle éprouve les mêmes inquiétudes que beaucoup de jeunes filles.	☐	☐	[1]
6	Elle est rassurante.	☐	☐	[1]
7	Elle recherche des conseils.	☐	☐	[1]
8	Elle essaie de tout mettre en perspective.	☐	☐	[1]

[Total: 8 marks]

Here is a sentence completion exercise where again your knowledge of the structure of the language is being tested.

Exercise 10

Lisez cet article.

LES POMPIERS

Un sondage a établi le classement des "professions les plus populaires" aux yeux des Français. Ce sont les pompiers qui sont en tête, suivis par les infirmières et les médecins.

Pour appeler les pompiers en France il faut composer le 18. Ils reçoivent en moyenne un appel toutes les treize secondes. Le nombre de leurs sorties augmentent chaque année. On leur demande tout et en plus ils doivent savoir éteindre les incendies!

Le premier domaine, c'est les secours aux victimes. Les pompiers peuvent donner les premiers soins surtout en cas d'urgence. Par exemple: crise cardiaque, accident de route, tentative de suicide.

Les plus nombreuses sont les interventions pour les fuites de gaz mais il y a aussi les animaux égarés, les chats dans les arbres ou les feux de cheminée.

Que faire pour devenir pompier? À Paris, vous devez être âgé de 18 ans et être céli-

bataire. La formation comprend deux mois de stage, deux mois en "compagnie d'incendie" et un examen.

Le salaire mensuel d'un pompier varie de huit mille à treize mille francs.

Faites les bonnes paires.

| **Exemple:** On a fait un sondage … | B |

1 Les pompiers sont plus … ☐ [1]
2 On peut appeler les pompiers … ☐ [1]
3 Le travail des pompiers … ☐ [1]
4 Les incendies sont seulement … ☐ [1]
5 Les pompiers doivent savoir … ☐ [1]
6 Quand il y a une fuite de gaz … ☐ [1]
7 On ne peut pas devenir pompier à Paris … ☐ [1]
8 La formation d'un pompier … ☐ [1]
9 Les pompiers sont payés … ☐ [1]

A … dure au moins quatre mois.
B … sur les pompiers.
C … devient de plus en plus varié.
D … aider les victimes d'accidents.
E … faire du feu.
F … populaires que les médecins.
G … en composant le 18.
H … une partie de leur travail.
I … si on est marié.
J … tous les mois.
K … on appelle souvent les pompiers.

[Total: 9 marks]

Here is a letter to read with questions and answers in French.

Exercise 11

Lisez cette lettre.

> Cher Alan,
> Est-ce que tu veux venir en France cet été?
> J'ai une tante qui vient de nous inviter à passer trois semaines chez elle. Elle tient un grand camping près de Biarritz. C'est là où j'ai passé les grandes vacances l'été dernier.
> Il nous faudra aider avec le travail. Qu'est-ce que tu préfères? Vider les poubelles? Servir au magasin? On sera obligés de faire une ou deux heures par jour. Ce n'est pas trop dur. On nous paiera aussi! Tu seras très utile car il y a toujours un grand nombre de campeurs britanniques.
> La ville de Biarritz est très animée. Il y a des cafés, des cinémas et des discos. En plus, la frontière espagnole n'est pas loin du camping. Donc, si cela t'intéresse, on pourrait peut-être faire un voyage en Espagne.
> Écris-moi pour me dire ce que tu en penses. Ce sera formidable, n'est-ce pas?
> Bernard

Répondez **en français**.

> **Exemple:** Bernard, pourquoi écrit-il à Alan?
>
> Réponse: *Pour l'inviter à venir en France*

1 Qui est le propriétaire du camping?

.... [1]

2 Bernard, qu'est-ce qu'il avait fait pendant les grandes vacances l'année dernière?

.... [1]

3 Qu'est-ce que les garçons devront peut-être faire au camping?

.... [1]

4 Comment Alan, pourra-t-il aider les campeurs britanniques?

.... [1]

5 Qu'est-ce qu'il y a à faire à Biarritz?

.... [1]

6 Pourquoi sera-t-il facile d'aller en Espagne?

.... [1]

7 On a l'impression que le travail ne sera pas …

(Cochez **une** case ✓)

A ☐ payé

B ☐ difficile

C ☐ obligatoire [1]

8 Si Alan accepte l'invitation, on a l'impression que Bernard sera …

(Cochez **une** case ✓)

A ☐ déçu

B ☐ ravi

C ☐ étonné [1]

[Total: 8 marks]

Higher exercises

Finally, an exercise with questions and answers in English. You will usually find that on the exam paper the final exercise will be of this type.

Exercise 12

Read what Tom Cruise says about his life.

Mon enfance, mon adolescence, je les ai vécues entouré de femmes. Les femmes ont toujours été importantes à mes yeux. Grâce à ma mère et mes trois sœurs, j'ai découvert qu'elles étaient plus émotives que les hommes.

Nicole Kidman est mon principal centre d'intérêt. J'ai trouvé en elle à la fois une partenaire remarquable, une épouse et une famille.

Nicole et moi voulons élever nos enfants de la manière la plus normale possible. C'est pour cela que nous gardons secret l'endroit où nous vivons.

Je préférerais refuser un Oscar plutôt que de ne pas avoir un enfant. Un bébé est beaucoup plus important pour moi que n'importe quelle récompense professionnelle.

Je suis fier d'avoir joué dans «Rain Man». C'est l'un des plus beaux rôles que j'ai joué. Grâce à ce personnage, j'ai rencontré mon idole de l'écran: Dustin Hoffman.

Je me rends compte que le fait d'être aussi célèbre à mon âge est une chose exceptionnelle. Je sais que je suis un privilégié, mais pour en arriver là, je me suis battu, j'ai sacrifié une partie de ma jeunesse, bref, cela n'a pas été si facile, même si certains pensent le contraire.

Answer these questions **in English**.

1 What feature of his childhood life does Tom remark on?

.... [1]

2 What did he discover about women from his mother and sisters?

....[1]

3 Why does he try to keep where he lives a secret?

....[1]

4 What is more important to him than winning an Oscar?

....[1]

5 How does he account for his fame and success? (Tick ONE ✓).

     A ☐   He has worked hard.

     B ☐   He has been fortunate.

     C ☐   He has exceptional talent.   [1]

[Total: 5 marks]

ANSWERS AND TIPS

Exercise 1 Answers

1 B **2** C **3** C **4** B **5** B

Learn the following commonly-tested words which appear in these questions: *avec* – with; *sans* – without; *devant* – in front; *derrière* – behind.

Exercise 2 Answers

1 J **2** I **3** D **4** F **5** K **6** E **7** A **8** G

In most of these you simply have to look for the key word such as *château*, *gare* or *église*. In a couple of them you have to read the statement more fully and match a phrase to the picture. For the service station, for instance, you have to understand the phrase *faire le plein d'essence* and you read the phrase *regarder un bon film* rather than simply looking for the word *cinéma* in Q.5. Remember what was said in the introduction about writing the letters clearly and writing them in the same style as they are in the text (i.e., capital B rather than small b).

Exercise 3 Answers

1 A **2** C **3** B **4** D **5** G **6** H **7** E

Some of these are quite easy – you won't have had any trouble matching *je veux acheter un journal* to the *kiosque journaux*, for instance, but you need to read the statements carefully to match *j'ai trois heures à attendre* to the *salle d'attente* and you need to learn "station vocabulary". Be sure to learn *renseignements* ("information"), *guichet* ("ticket office") and *consigne* ("left luggage").

Exercise 4 Answers

1 *plage*   **2** *ouvert*   **3** *douche*   **4** *lundi*   **5** *gratuit/grand/à côté de l'hôtel*

Looking at the example you will see that only a brief answer is needed. The long lines for your answers may, however, make you think that longer answers are required. You wouldn't in fact lose marks if you wrote too much, provided the completed sentence makes sense. Note that there are three possible answers for Q.5.

Exercise 5 Answers

1 C **2** B **3** A **4** B **5** C **6** C

Tips

The word *informatique* (Q.3) is tested very often in both listening and reading. Learn it! In Q.4, the word *déteste* does not appear in the letter – you have to make the connection with *Je n'aime pas lire…les livres ne m'intéressent pas du tout*. Although all the illustrations are clear, remember to familiarise yourself with the icons (you can access them on the OCR Website at http://www.ocr.org.uk) because you will feel more confident when you recognise them.

Exercise 6 Answers

1 Marie **2** Marie **3** Catherine **4** Alain **5** Pierre

Tips

Notice that, with four people and five questions, a name will be used more than once. You will always be told in the instructions that this is the case. The French instruction is usually *Vous pouvez utiliser une lettre deux fois*. You will also be told if you won't need to use all the letters; here the instruction is: *Vous n'aurez pas besoin d'utiliser toutes les lettres*. When doing exercises of this type, you look for key words in the texts; in Q.1, for instance, you look for the text that mentions *Les Français* and in Q.2 *La cuisine n'est pas très importante pour moi* corresponds to "I don't take much interest in food". But always read the whole text, and note how you are being tested more on gist here – for instance, *je surveille ma ligne* gives the idea of "I don't want to get fat" in Q.3. Remember the word *cher* for "dear" or "expensive" and learn the phrases *trop cher* ("too expensive"), *plus cher* ("more expensive") and *moins cher* ("less expensive/cheaper").

Exercise 7 Answers

1 *deux* **2** *voyage* **3** *lycée* **4** *Sylvie* **5** *animaux* **6** *dîner* **7** *fait (or travaille)* **8** *travaille*
9 *question* **10** *lettre*

Tips

It doesn't tell you that a word can be used more than once (although in fact *travaille* would be correct for Q.7 as well as Q.8), so tick them off as you use them, having first read the letter carefully. Think of what words could sensibly go in the space. On Q.1 only **a number** is possible (reading the text will help you choose the correct one out of *deux* or *trois*) and on Q.2 you must have **a verb**. On Q.3, the word *au* can only be followed by **a masculine noun** and on Q.4 only **a name** would make sense (then notice the "e" on the end of *étudiante* telling you that you would have to select the feminine name *Sylvie*). Don't forget that the phrase for "ask a question" is *poser une question* (Q.9). If you scored 9 or 10 on this exercise you did very well. To be confident of a Grade C performance on the exercise, you would need to have scored at least 7 marks.

Exercise 8 Answers

1 *(elle est) pharmacienne* **2** *gentil* **3** *(ses parents sont) divorcés* **4** *elle est allée à la patinoire*
5 *les vêtements ne l'intéressent pas / elle n'a pas assez d'argent* **6** *elle ne sait pas* **7** *(elle fait) la vaisselle*

Notice that the answers do not have to be long, you simply need to provide the required information. You should try to change the pronoun rather than copying directly from the text – for example Q.6 **elle** *ne sait pas* rather than copying *je ne sais pas.* Note that Q.2 doesn't ask what Sylvie's father does for a living (as Q.1 does) but what he is like. Note and learn the phrase *Comment est-il (elle)* – "what is he/she like". Although it isn't actually tested here, remember the phrase *fille unique* meaning "only daughter" together with *fils unique* ("only son") and *enfant unique* ("only child").

Exercise 9 Answers

1 Aline **2** Aline **3** Julie **4** Aline **5** Aline **6** Julie **7** Aline **8** Julie

Although you may think you have a good chance of success on each question, it's not easy to get a high mark through guesswork. You need to read the letters and the statements carefully. If you have good understanding of the statements, you could work out the answer to some extent through considering whether the statements are more likely to apply to the girl with the problem or the adviser. For example, statements 1 and 2 clearly apply to the girl, whereas statements 3 and 6 suggest the understanding nature of the adviser. But beware of the pitfalls! Statement 4, in which *découvrir ses propres sentiments* matches *éprouver des sentiments nouveaux* in Julie's letter) applies to Aline although it is in Julie's letter (because she is addressing Aline). This is also the case with statement 5.

Exercise 10 Answers

1 F **2** G **3** C **4** H **5** D **6** K **7** I **8** A **9** J

Although you must obviously read the text to find the details with which to complete the sentences, you would be able to eliminate certain possibilities because the sentences wouldn't make sense. In Q.1, for example, the sentence must continue with **an adjective** ("Firemen are more . . ."), so F (". . . popular than doctors") is the only possibility. In both Q.3 and Q.8, **a verb** is required to connect the statements to their endings. Only A and C start with verbs; you then need to work out which goes with which. Note the word *mensuel,* meaning "monthly", which corresponds to the phrase *tous les mois* in J. There are also some useful verbs to learn: *augmenter* ("to increase"), *éteindre les incendies* ("to put out fires"), *devenir* ("to become") and note the use here of the verb *comprendre* meaning "to consist of" as well as "to understand". Learn also the word *formation* meaning "training".

Exercise 11 Answers

1 *la tante (de Bernard)*   **2** *il avait été au camping*   **3** *travailler/vider les poubelles/servir dans le magasin*
4 *il parle anglais*   **5** *il y a beaucoup de distractions*   **6** *la frontière n'est pas loin*   **7** B   **8** B

Remember the advice given in the opening tips about answering questions in French. The above answers are only samples (there are a number of alternative ways of answering). You need to get the time frames right in your mind to answer Q.2 – the question asks what he did in the holidays **last** year, whereas most of the letter concerns what Alan and Bernard will be doing later this year. Note how the last two questions test your ability to draw conclusions; the phrase *on a l'impression* is often used in this way to introduce questions testing this skill – you won't necessarily see the information, but you must draw the correct conclusion. Q.4, also, requires the concept of Alan being able to speak French even though it doesn't state this in so many words in the letter. Note the phrase *il nous faudra* which is the future form of *il (nous) faut* and here means "we will have to".

Exercise 12 Answers

1 being surrounded by women   **2** they are more emotional than men
3 in order to bring them up in as normal a way as possible   **4** having a child   **5** A

Useful vocabulary to learn here includes: *grâce à...* -"thanks to"; *j'ai découvert* – "I discovered"; *une épouse* – "a wife"; *élever* – "to bring up"; *l'endroit* – "the place"; *plutôt que* – "rather than"; *fier* – "proud"; *célèbre* – "famous" and note the verb *vivre* meaning "to live", with the past tense *j'ai vécu*.

4 – Speaking

General Hints

Speaking is a skill which you can practise regularly, both in class and at home. The more you can practise, the more confident you will become and this is the key to success in the speaking test. Remember that the first stage in speaking involves careful listening and concentration to make sure that you are answering the right question and providing the correct information.

As in the writing examination, your success in speaking depends on your familiarity with the language. It is vital to learn the vocabulary for each topic thoroughly and regularly **throughout** your course. You must **not** be tempted to leave it until the last minute! Try to learn only small chunks of vocabulary at one go – it's easier!

It is also very important to remember that although you should try to be as accurate as you possibly can, you are essentially being tested upon how well you can **communicate** and make yourself understood. It may sound obvious, but do try to sound as French as possible! Try to avoid all English words and make a real effort to pronounce well. Remember that English words, even if they are the same in French (e.g. *bus*), do not gain marks if you pronounce them in an English way.

For the speaking test your teacher will advise you to enter at either the Foundation or the Higher Tier. See Chapter 1, page 2. Don't forget that if you are aiming for Grade C or above you will need to be able to refer to events in the past, present and future tenses, so make sure you can manipulate time frames. You must also be able to express your opinions and give reasons for them.

Here are some points to bear in mind when doing your speaking test:

- **Arrive 5 minutes early** – don't arrive late and out of breath.
- Don't forget your **cue card** for the Presentation section.
- **Prepare carefully** in the 15 minutes before your test starts. You will have copies of the two role plays. If you can't remember an exact word think about the English wording of the question. Could you say it another way? If you are told to "ask for the bill", for example, and have forgotten *L'addition, s'il vous plaît* you could communicate this by saying *C'est combien?*
- **Read** the scene-setting of the role plays – they are there to help.
- **Role Play 2.** If you have a task which says "reply to a question", think beforehand what you might be asked (in a hotel or camp site situation, for example, you are very often asked how long you wish to stay).
- As you go into the exam room – **smile!** This relaxes you. Breathe deeply and slowly. Remember your teacher may be as nervous as you! **Don't panic!**
- **Don't rush!** Speak clearly and if you need something to be repeated, ask. Learn *Je n'ai pas compris* and *Répétez, s'il vous plaît*. It gives you a few seconds to think and keeps the French flowing.

- Whether you do Foundation or Higher Tier you will have to prepare the following general conversation topic areas: **Home life; School life; Self, family and friends; Free time; Local area; Career, work and work experience; Holidays.** You cannot choose which two topics you do – your examiner will do this in the exam room. So be prepared to talk about **all** of them!
- **Overall linguistic quality.** Your examiner will make a final assessment of the French you have used during the test and will award a mark out of 20.

The following pages in this section give you:

- sample tests and tips on what candidates have found helpful. You will find three examples of each type of the three role plays (**This material is recorded on the cassette**).
- advice and sample questions on the **Presentation** and the **General Conversation** performed by one Foundation and two Higher Tier candidates (**This material is recorded on the cassette**).
- answers giving you further tips so that you can achieve your best.

To help you further, there is a transcript of **all the role plays, presentations** and **conversation topics** starting on page 130.

Role plays
Section 1: Foundation

Card 1

Situation: You are in a hotel in France.
You will have to:

- say you would like a room
- say how many nights (e.g. two)
- ask for something extra in the room, (e.g. a shower)
- ask how much it costs

Your teacher will play the part of the receptionist and will start the conversation.

Card 2

Situation: You are buying a train ticket in France.
You will have to:

- ask if there is a train to Toulouse
- ask for a second class ticket
- ask for a return
- ask how much it costs

Your teacher will play the part of the employee and will start the conversation.

Card 3

Situation: You are in a restaurant in France.
You will have to:

- ask for the 60 franc menu
- ask for a main course (e.g. chicken)
- ask for a vegetable (e.g. peas)
- ask where the toilets are

Your teacher will play the part of the waiter/waitress and will start the conversation.

Section 2: Common Exercises

Card 1

Situation: You have phoned a restaurant to enquire about a coat you left there.
You will have to:

- say you left your coat in the restaurant
- describe the coat (mention two details)
- reply to a question
- say when you can collect the coat

Your teacher will play the part of the restaurant owner and will start the conversation.

Card 2

Situation: Your car has broken down in France so you telephone a garage to get help.
You will have to:

- say you have broken down
- say where your car is (give **two** details)
- explain what the problem is (give **one** detail)
- reply to a question

Your teacher will play the part of the garage owner and will start the conversation.

Card 3

Situation: You feel ill while you are on holiday in France so you go to the chemist's.
You will have to:

- say that you are ill
- say that you have a stomach ache
- reply to a question
- ask how many tablets to take

Your teacher will play the part of the chemist and will start the conversation.

Section 3: Higher

Card 1

Situation: The notes and pictures below give an outline of a day during a visit to France last year where you helped prepare for a party.

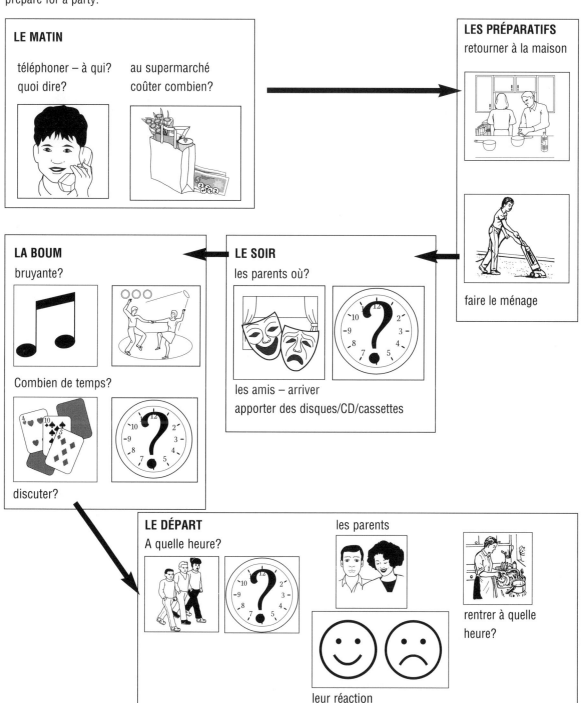

CARD 2

Situation: The notes and pictures below give the outline of the beginning of a holiday in the town of Laval in France last year, where you stayed with some French friends.

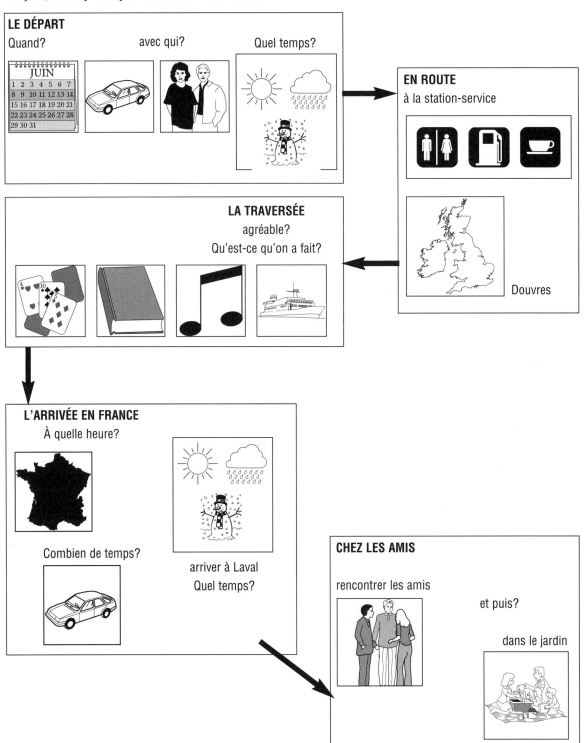

CARD 3

Situation: The notes and pictures below give an outline of a day during a family holiday in France last year when you, or someone you know, had some things stolen.

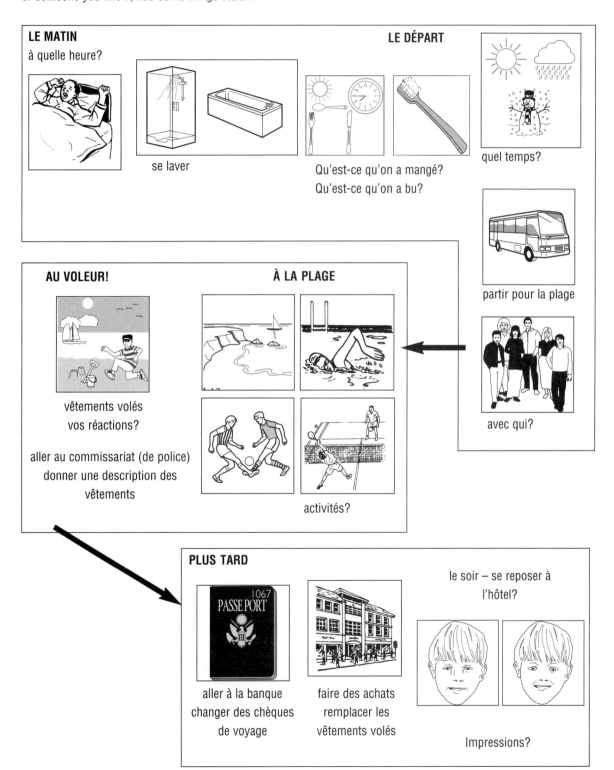

Candidate 1 – Foundation

Presentation and discussion *Ma Famille*

At Foundation Tier, you need to aim to talk for about one minute and to present all your main points in a clear, straightforward way. Wherever possible, you need to give simple **opinions** (such as likes and dislikes) and, if possible, try to give some explanations of your opinions.

HOW TO PREPARE A PRESENTATION AT FOUNDATION TIER

- Prepare a simple cue card on a topic on which you feel confident, e.g.:
  Ma famille – combien de personnes
  Ma mère – description
  Mon beau-père – description
  Ma sœur et mon demi-frère

- Stick to your cue card – don't try to do something different on the day of the test.

- Practise your one-minute delivery and time yourself.

- Record yourself and try to make it sound interesting!

- Give a simple factual account and add some simple opinions such as these:

Positive Ideas	Negative Ideas
J'aime	*Je n'aime pas*
J'adore	*Je déteste*
C'est chouette	*C'est moche*
C'est génial	*C'est affreux*
C'est amusant	*C'est pas amusant*
C'est intéressant	*C'est ennuyeux*
C'est agréable	*C'est désagréable*

(Obviously, if you are talking about members of your family, you will use *Il est* or *Elle est* instead of *C'est* when describing them individually)

- Try to link short sentences together and use *parce que* which will introduce a simple opinion.

- Remember that you can use photos, diagrams etc. if you want to illustrate your talk.

DISCUSSION OF THE PRESENTATION

- Before the test day, think of the kind of questions linked to this topic that you might be asked.

- Remember that your teacher will spend 1½ to 2 minutes questioning you and discussing your material further, so be ready to talk about things linked to the topic such as yourself, family routine, what you do together etc.

- Your presentation will be marked out of 4. The discussion part of your presentation will be assessed alongside the two general conversation topics.

General conversation: Topic 1 – School; Topic 2 – Local area

The candidate you hear on the cassette talks about his school and his local area. At Foundation Tier you should aim to talk about both topics clearly using complete phrases or sentences. Do not worry about making mistakes – try first and foremost to get your message across and express an opinion simply and clearly wherever possible. The General Conversation is marked out of 10 for communication. If you can manage to discuss your presentation reasonably well and can also manage the two conversation topics in a similar way you will do well at Foundation Tier.

You will not be awarded a linguistic quality mark for the conversation section alone. Your teacher will consider your **whole** performance across the test. It is important, though, to have some precise goals in the General Conversation section so as to score well in the final overall linguistic quality assessment. These goals are:

- Learn phrases for **all 7 topics** in different tenses, past, present and future.
- Learn vocabulary carefully and try to sound French!

Here are some questions on the two topics given to Candidate 1. Use these to help you prepare.

SCHOOL
1 *Tu vas à quelle sorte d'école? Il y a combien d'élèves?*
2 *Fais-moi la description de ton collège.*
3 *Les cours commencent et finissent à quelle heure?*
4 *Quelles sont tes matières préférées – pourquoi?*
5 *Tu portes un uniforme scolaire? Décris ton uniforme. Que penses-tu de ton uniforme?*
6 *Qu'est-ce que tu fais à l'heure du déjeuner?*
7 *Est-ce que tu fais du sport au collège? Ça te plaît?*
8 *Est-ce que tu fais partie d'un club ou d'une équipe au collège?*
9 *Décris-moi ce que tu as fait hier à l'école.*
10 *Décris-moi ce que tu vas faire après les examens. Tu vas continuer tes études?*

LOCAL AREA
1 *Où habites-tu exactement? C'est une région urbaine ou rurale?*
2 *Depuis combien d'années habites-tu là?*
3 *Comment est ton quartier/ton village/ta ville?*
4 *Combien d'habitants y a-t-il dans ta ville/ton village?*
5 *Qu'est-ce qu'il y a comme distractions dans ta ville/ton village?*
6 *Si tu veux faire du shopping, où vas-tu? Comment tu y vas – il y a des bus?*
7 *Si tu veux aller au supermarché, où vas-tu? C'est loin? Tu aimes aller au supermarché?*
8 *Décris ce que tu as fait la dernière fois que tu es sorti(e) dans ta ville/ta région.*
9 *Aimes-tu ta région? Pourquoi/pourquoi pas?*
10 *Que voudrais-tu changer dans ta ville/ta région?*

Now listen to the candidate on the cassette and try answering the questions yourself.

Candidate 2 – Higher

Presentation and discussion *Mon échange en France*

At the Higher Tier you need to aim to go beyond presenting factual information. You should try to express opinions and say **why** you have these opinions.

HOW TO PREPARE A PRESENTATION AT HIGHER TIER

- Prepare a cue card, e.g.
  Mon échange – quand? avec qui? voyage?
  Lyon et le Jura.
  Camping à Argelès – impressions?
  Appréciation du séjour.

- As at Foundation, stick to the cue card and practise delivering your presentation in a confident and lively way. Don't feel you should learn it by heart, however much you practise it – it needs to sound as **natural** as possible. Use emphasis and intonation to make it more interesting.

- Record yourself and try to identify errors of pronunciation and intonation upon which you can improve.

- Try to include some of the following structures which will improve your style:
  — *en* followed by the present participle (e.g. *en arrivant à Lyon*)
  — *après avoir/après être* followed by a past participle (e.g. *après avoir passé une semaine dans le Jura*)
  — *pour* followed by an infinitive (e.g. *pour faire nos achats*)

- Use **a variety of tenses** (perfect, present, future, imperfect, conditional).

- Try not to use just *je* (the first person). Use *on* to express "we".

- Give **opinions and reasons,** using introductory phrases such as *Je pense que c'était..; j'ai apprécié l'expérience; j'ai surtout aimé; ce que j'ai aimé le plus …*

- Use **conjunctions** such as *mais; parce que* and **adverbs of time** such as *puis; ensuite; après* to add variety.

- Make sure you can express how you **feel** about something, e.g. *j'étais content(e), déçu(e)*, adding a reason or reasons wherever possible.

DISCUSSION OF THE PRESENTATION

- Think of the content of what you have presented and imagine the kinds of questions which could be asked.

- Listen carefully to the questions and be sure you have understood the **tense** so that you can answer in the correct tense.

- The discussion will follow on from the presentation and will be marked for communication together with the two conversation topics.

- The overall linguistic quality mark will take into account the language you use in the discussion and conversation.

- Be daring, give your opinions and be enthusiastic!

General conversation: Topic 1 – Career, work, work experience; Topic 2 – School

The Higher Tier candidate you will hear (Candidate 2) talks about the above two topics. At this Tier you should be prepared to talk about both topics at equal length, giving your opinions and reasons for these opinions as naturally as possible. Your examiner may put a point of view to you, so be prepared to agree or disagree when asked what you think.

- **Phrases for Agreement**
  Je suis d'accord avec vous.
  Oui, tout à fait.
  Oui, c'est évident.
  Je pense/crois que vous avez raison.

- **Phrases for when you want to say "perhaps ... but"**
  Oui, vous avez peut-être raison, mais moi, je pense que ...
  C'est possible/probable, mais à mon avis ...
  C'est vrai mais/cependant ...

- **Phrases for Disagreement**
  Ah non! Je ne suis pas d'accord.
  Non, je trouve que c'est le contraire.
  Je ne vous crois pas.

- **Phrases to give you time to think!**
  Je ne sais pas, je n'ai jamais pensé à ça, mais je pense que ...
  Voilà une question assez difficile, mais disons que ...
  Voyons ... moi, je dirais que ...

Here are some questions on the two topics given to Candidate 2. Use these to help you prepare.

CAREER, WORK, WORK EXPERIENCE
1. *As-tu un petit job? Où travailles-tu?*
2. *Combien d'heures travailles-tu par semaine?*
3. *Que penses-tu de ton travail?*
4. *As-tu fait un stage en entreprise? Qu'est-ce que tu as fait exactement?*
5. *Qu'est-ce que tu as pensé de ce stage? C'était utile?*
6. *Qu'est-ce que tu as appris de ce stage?*
7. *Que voudrais-tu faire à l'avenir?*
8. *Pourquoi est-ce que tu as choisi ce métier?*
9. *Qu'est-ce que tu vas faire l'année prochaine?*
10. *Est-ce que tu vas continuer tes études? Pourquoi/pourquoi pas?*

SCHOOL

1. *Décris-moi ton collège— les bâtiments, le nombre d'élèves etc.*
2. *Qu'as-tu choisi comme matières? Pourquoi as-tu choisi ces matières?*
3. *Comment sont les professeurs dans ton collège? Est-ce qu'il y a un bon rapport entre les profs et les élèves?*
4. *Est-ce que tu portes un uniforme scolaire? Qu'en penses-tu?*
5. *Quels sont les avantages et les inconvénients de l'uniforme scolaire?*
6. *Décris ce que tu as fait hier au collège.*
7. *Est-ce qu'il y a des choses que tu voudrais changer à l'école? Pourquoi?*
8. *Qu'est-ce que tu as l'intention de faire après tes examens de GCSE?*
9. *Quelles sont tes ambitions?*
10. *Est-ce que tes années à l'école t'ont bien préparé(e) pour la vie? Pourquoi/pourquoi pas?*

Now listen to the candidate on the cassette and try answering the questions yourself.

Candidate 3 – Higher

Presentation and discussion *Mon stage en entreprise*

All the comments made above about the presentation for Candidate 2 are equally relevant here. You are again aiming to give a good introductory talk which will lead naturally into a discussion. Reread the notes on page 60 on how to prepare a presentation at Higher Tier.

PREPARING THE CUE CARD

You may find it useful to use symbols such as + (positive opinions) and – (negative opinions) on your card. Never use English words on it. Simple diagrams and spider webs can be useful. Here is an example of a cue card for *Mon stage en entreprise*.

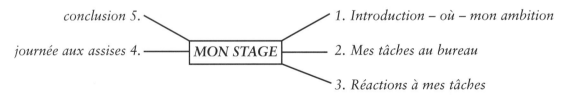

At the preparation stage you could use more French phrases on the card and gradually reduce it to the main titles above. Remember that you can use photos, leaflets or objects as part of your presentation if you wish.

DISCUSSION OF THE PRESENTATION

- Reread the guidance tips for Candidate 2 and memorise the phrases for agreement and disagreement.

- Remember to think of the questions you are likely to be asked. Make a list of them and look up and learn any vocabulary or expressions you might need.

- Revise perfect and imperfect tenses carefully as you will need them in the discussion.

General conversation: Topic 1 – Free time; Topic 2 – Holidays

In this section, remember the importance of using a variety of tenses, structures and opinions. Do not always wait for the examiner to ask you another question – try and add something to your last answer. You can steer the conversation too, provided that you don't stray too far off the subject!

FREE TIME
1 *Que fais-tu normalement quand tu es libre le soir/le week-end?*
2 *Parle-moi de ton passe-temps préféré. Tu fais ça depuis combien de temps?*
3 *Est-ce que tu es sportif/sportive? Pourquoi/pourquoi pas?*
4 *Tu passes combien d'heures par soir à regarder la télévision?*
5 *Quelle sorte d'émissions de télé préfères-tu? Pourquoi?*
6 *Est-ce que tu aimes la musique? De quelle sorte?*
7 *Tu joues d'un instrument de musique?*
8 *Parle-moi de ce que tu as fait le week-end dernier.*
9 *Quels sont tes projets pour le week-end prochain?*
10 *Si tu avais beaucoup d'argent, quel sport ou activité est-ce que tu voudrais essayer?*

HOLIDAYS
1 *Où préfères-tu passer les vacances et avec qui?*
2 *Comment préfères-tu voyager et pourquoi?*
3 *Où es-tu allé(e) en vacances l'année dernière?*
4 *Parle-moi de tes vacances de l'année dernière. Où as-tu logé? Avec qui? Qu'est-ce que tu as fait?*
5 *Est-ce que tu as trouvé la vie à/en… très différente de la vie en Grande-Bretagne?*
6 *Comment était la cuisine à/en …?*
7 *Qu'est-ce que tu as le plus apprécié à/en …?*
8 *Voudrais-tu y retourner? Pourquoi/pourquoi pas?*
9 *As-tu des projets de vacances pour cette année? Où est-ce que tu iras?*
10 *Quelles seraient pour toi les vacances idéales?*

Now listen to the candidate on the cassette and try answering the questions yourself.

ANSWERS AND TIPS

Note: the answers and tips which follow refer to the three candidates you hear on the cassette.

Role plays

Section 1: Foundation

Remember that answers do **not** have to be long but must communicate the main message. When you read the instructions, remember the following:

64 Speaking

"Ask for" = *je voudrais ...*
"Ask if they have"= *Avez-vous ...?*
"Ask where" = *Où est/sont ...?*
"Is there ...?"/"Are there ...?" = *Il y a ...?*
"Ask when/at what time" = *A quelle heure ...?*

Frequently tested topics are **arranging to go out; shopping; café/restaurant; buying tickets; transport; hotel** or **camp site.** Revise carefully numbers 1–100, quantities (e.g. weights) and the above phrases.

The number in brackets [2] below refers to the number of marks for each successfully communicated response.

Suggested Responses

CARD 1 (see page 53)
- *Je voudrais une chambre s'il vous plaît.* [2]
- *Deux nuits s'il vous plaît.* [2]
- *Une chambre avec douche.* [2]
- *C'est combien?* [2]

 Tips   Make sure you know *nuit* (night) and *semaine* (week) and hotel facilities.

CARD 2 (see page 53)
- *Il y a un train pour Toulouse?* [2]
- *Je voudrais un billet/ticket en deuxième classe.* [2]
- *Un aller-retour, s'il vous plaît.* [2]
- *C'est combien?* [2]

 Tips   Your voice should rise at the end of the first response to make it clear that it is a question, not a statement. You can use either *billet* or *ticket* (but not with the English pronunciation!) for "ticket". Be sure to know the phrases for "single" (*aller simple*) and "return".

CARD 3 (see page 54)
- *Je voudrais le menu à soixante francs.* [2]
- *Je voudrais le poulet, s'il vous plaît.* [2]
- *Des petits pois, s'il vous plaît.* [2]
- *Où sont les toilettes?* [2]

 Tips   The answers could be shorter. You don't have to use *je voudrais* or *s'il vous plaît* but it sounds better and politer to include them. Remember to learn numbers 1–100 very carefully!

Section 2: Common Exercises

Communicating the message is still important, obviously, but you need to be as accurate as you can, especially when you have to produce a longer message which contains a verb. You also need to be able to use tenses other than the present. While preparing, think of what the examiner may say as the lead-in to *Répondez à la question*. Listen to the examiner very carefully and ask him/her to repeat if you haven't understood.

CARD 1 (see page 54)
- *J'ai laissé mon manteau dans le/votre restaurant.* [2]
- *Il est noir et en cuir.* [2]
- *J'ai mangé au restaurant hier soir/samedi dernier.* [2]
- *Je peux/viendrai chercher mon manteau cet après-midi/demain/à 7 heures.* [2]

Tips: The / indicates alternative answers. You can give any time in the past for Task 3 and in the future for Task 4. For the last task you can use a verb in the future or the present – the time indicator (*demain*) indicates that it is in the future.

CARD 2 (see page 54)
- *Je suis tombé(e)/Ma voiture est tombée en panne.* [2]
- *Ma voiture est au centre-ville, devant la poste.* [2]
- *Le moteur ne marche pas marchent/Les freins ne pas.* [2]
- *Je vais attendre dans ma voiture/dans le café central.* [2]

Tips: Remember to use the verb *marcher* or *fonctionner* for "to work" when referring to machinery working.

CARD 3 (see page 54)
- *Je suis malade.* [2]
- *J'ai mal au ventre/à l'estomac.* [2]
- *J'ai mangé/pris des fruits de mer/du poulet etc.* [2]
- *Je dois/Il faut prendre combien de comprimés?* [2]

Tips: Learn the phrase *J'ai mal à/au* when saying that you have a pain. Make sure you know the phrase *je dois* or *il faut* when asking what you should do, and remember that these phrases (like *je peux*) must be followed by a verb in the infinitive.

Speaking

Section 3: Higher

 Tips — This kind of role play always requires you to give details of travelling, leisure activities and eating and drinking. Learn the essentials such as how you travelled, phrases for starting, breaking and finishing a journey, how you spent your free time and what you bought for a picnic or ordered in a restaurant.

CANDIDATE 1

The candidate manages to communicate most of the main points but does rely to a certain extent on the examiner for guidance through the story, as most of her responses have to be cued by the examiner asking the next question. Some opinions are given. The pace of the narration varies; sometimes there are hesitations, but the overall story is there. If she had spoken a little more and the examiner less, the mark would have been 6 for communication, but as some guidance was necessary a mark of 5 was awarded. In assessing the linguistic accuracy, the examiner would bear in mind here that the use of perfect and imperfect tenses was correct and the intonation and pronunciation generally accurate.

CANDIDATE 2

This is a very solid performance. All the main points are communicated and only occasional guidance is needed from the examiner. The candidate can give reasons or justifications for his opinions and is quite fluent. There are few hesitations and the pace is quite brisk. A mark of 7 is awarded. Linguistic quality would be marked at the end of the whole test, but worthy of note here are the very good use of tenses, vocabulary and structures.

CANDIDATE 3

This is an extremely good performance. All the main points of the narration are communicated and some imaginative detail added (such as the details about surfing). The candidate is very fluent and answers with ease. The top mark of 8 is awarded. In assessing the linguistic quality at the end of the test, the examiner would take into account here the very accurate use of tenses with some very good structures such as *après avoir/être*, *avant de* + infinitive and *décider de* + infinitive. The vocabulary is good and the pronunciation is very good. Such a performance deserves the top mark.

Now look at the transcripts for these role plays and then try them yourself using the candidate instructions (pages 55–57).

Presentation/discussion/general conversation

Candidate 1

PRESENTATION

This candidate gives a straightforward factual account of her family. She has prepared her material quite well – she can describe each person factually and her meaning is clear. She can also express simple opinions and sometimes she can give explanations of these opinions. She is a borderline 2/3 out of 4. She is therefore awarded 3 marks.

DISCUSSION AND GENERAL CONVERSATION

She goes on to discuss fairly well but the examiner has to lead the questioning and there is some hesitation on the candidate's part. The examiner occasionally has to rephrase questions, but overall the candidate's message is clear and some simple opinions are expressed. The candidate moves on to answer questions about school and her local area. School is reasonably well covered, but there is more hesitation when she talks about her local area. The messages are usually clear and, to her credit, she expresses opinions in several places, though the examiner does have to rephrase some questions. She would have scored 6 out of 10 for communication in this section.

If your performance is like this you can improve even more! Study the questions asked and work out your answers. Think carefully about "time markers" – i.e., words such as *hier* and *l'année dernière* – these should signal to you the need to talk in the past. If you hear *voudrais* in the question you are being asked about what you would like to do. If you hear *d'habitude*, *normalement* or *typique*, use the present tense.

Candidate 2

PRESENTATION

The candidate gives a lively and well-organised presentation. He communicates all points clearly and as he can also express a range of opinions, giving reasons where necessary, he scores 4 marks.

DISCUSSION AND GENERAL CONVERSATION

The discussion shows that the candidate is able to talk freely about his subject. The examiner has little need to rephrase questions and the candidate is able to give a good range of opinions and can justify them.

He covers both conversation topics (Career, work and work experience and school life) well. He does not always wait for a question to be asked – he is quite prepared to develop his own part in the conversation without being invited to join in by the examiner. He appears confident and he can take the initiative in conversation. This performance is worthy of 9 out of 10 for communication.

It is interesting to compare this candidate's performance on the topic of school with that of the first candidate. He can answer harder questions in a variety of tenses and his use of structures is impressive. He has a good range of vocabulary and his pronunciation is very good. These are all factors which the examiner would consider in awarding the overall linguistic quality mark. Given an equally good role play performance, he would have scored 18 marks for linguistic quality – a very good performance indeed.

Candidate 3

PRESENTATION

The candidate talks about her work experience in a solicitor's office. She has prepared her presentation very well. She does not rush but she delivers her material in a fluent and clear way. She expresses her opinions readily and can always back these up with further explanations. She would score the full 4 marks.

DISCUSSION AND GENERAL CONVERSATION

She goes on to discuss her presentation in a mature way, maintaining her high standard of French. She talks freely and naturally.

She then discusses the topics of free time and holidays. She impresses with the ease with which she responds to the questions. She goes well beyond the factual and expresses a wide range of opinions. This is an outstanding performance worthy of the full 10 marks for communication.

In assessing the linguistic quality of this candidate, there are several excellent qualities to note. She can move from tense to tense always using them appropriately and accurately. She is able to compare and contrast her experiences using appropriate language and she includes good structures such as "dependent infinitives" (i.e., 2 verbs together, with the second in the infinitive). Her pronunciation and intonation and her overall accuracy are excellent, certainly worthy of the top mark for linguistic quality!

5 – Writing

General hints

Writing is in many ways the most difficult of the language skills. It is the last skill we acquire when learning our mother tongue, we take a long time to learn the spelling and grammar of a foreign language and, in answering exam questions, there is no scope for making inspired guesses as can sometimes be the case for listening and reading.

Your ability to write in French is dependent on your familiarity with the language so that the more fluent you become in speaking and the greater practice you have in listening to the language the easier you will find it to express yourself in writing.

At Foundation Tier writing, accuracy is important, but the most essential aspect is **communication** or the ability to make yourself understood. That means that spelling mistakes, errors with verb endings and so on can be tolerated as long as they don't make your message unclear. It would be unreasonable to expect you to write fully correct French, as most of us make mistakes when writing English.

On the Common section and particularly on the Higher Tier, however, those who write stylish, accurate French obviously deserve to be rewarded. You will acquire a good grade if you can write comprehensible French, but you will only reach the top grades if in addition you can show that you have a good range of vocabulary and style and that you understand and can use the principles of French grammar.

For the writing skill you may be entered for the final exam or you may be doing coursework. The same standards and principles of marking apply to both. You will find a few hints on coursework on page 80. The examples on the following pages, however, are of examination exercises.

Here are some points to bear in mind when doing your writing exam.

- **Watch the time.** On Foundation Tier you will have four exercises, each one more demanding and therefore requiring more time. Pace yourself carefully so that you have enough time to give a good answer for the final question – the letter of 100 words. On Higher Tier you have only two exercises, but the second has to be longer and is more demanding than the first, so again divide your time accordingly.

- **Read the questions carefully.** Be sure that you know what you have to do. Study any examples provided. Where a number of points must be included (in the letter, for example) make sure you have dealt with each by ticking them off as you deal with them. You will only gain high marks if you deal with **all** the points.

- **Write enough words.** 90–100 words are expected on the letter and 140–150 on the article or report. Although you should not spend too long counting your words, you need to check that you have written enough. It is far more important, however, to ensure that you have dealt with **all** the points.

- **Verbs!** You must be able to show that you can handle verbs in French. On Common and Higher questions only accurate verb structures will gain you the highest marks. It is particularly important to be confident in the writing of verbs in different tenses; in both the common and the higher papers, your ability to use the perfect tense (e.g. *j'ai travaillé / je suis allé(e)*) and the future tense (e.g. *je quitterai / je vais quitter*) **must** be shown in order to acquire a good grade. You should also show that you are able to use other tenses such as the imperfect and the conditional. Refer to the grammar section (page 81) and be sure to learn the rules for tense formation. Remember, too, to learn other parts of verbs as well as the first person (*je*); you should be able to use the first person plural (*nous*) and the third person singular and plural (*il, elle, on, ils, elles*) forms.

- **Opinions!** As in speaking, in order to gain a grade C or above, you must show your ability to express opinions. Learn phrases that can introduce opinions – e.g. *à mon avis; je pense que; je crois que*; and also in the past tense – e.g. *j'ai trouvé que; j'ai pensé que*. Learn also how to give **reasons** e.g. *j'aime ma chambre parce qu'elle est confortable*.

- **Develop a style.** Learn some good phrases and try to use them in the Common and Higher questions, though only if it is appropriate to include them. Try to link sentences by using phrases such as *Après avoir (fini mon travail)* ... or *Avant de (quitter la maison)* ... Try to vary your language so that, for instance, you don't always use *beaucoup* to express the idea of "a lot" – learn and use phrases such as *un grand nombre de* ...

- **Be as accurate as you can.** Despite what is written above about how errors will not automatically result in low marks, it is obvious that the more accurate you can be the better the reward. Be particularly careful to check verb endings and adjective forms (e.g. *une petite chambre; ils sont jeunes*). Show that **you** are able to avoid the spelling errors that so many other candidates make, by knowing the spelling of words such as *beaucoup de/d'*, *mercredi, le petit déjeuner, sœur* etc. and be sure of the difference between *chevaux* and *cheveux, vieille* and *la veille, mois* and *moins* etc.

- **Check your work.** After you have finished your letter, list or article, check it. First check that you have included all the details asked for. Then read it through closely, checking for accuracy, and paying particular attention to verb forms such as endings. If you have written in the past tense, have you included the part of *avoir* or *être* (e.g. *j'ai acheté; elle est partie*)? Use all your available time at the end of the exam looking for mistakes.

- **Don't write your answers in rough first.** By all means do a quick plan, but don't waste time copying up a rough version at the end of the exam. It is easy to make errors when copying and you wouldn't have time to do this anyway.

Section 1: Foundation

The opening exercise is a simple list-writing task requiring eight different items. Here is an example requiring places in the town.

Exercise 1

A French town.
Write a list **in French** of eight different buildings or places in town.

Exemple: _hôtel de ville_

1. _____
2. _____

3. _____
4. _____

5. _____
6. _____

7. _____
8. _____

72 Writing

In this next Foundation exercise you have to write a little more than single words.

Exercise 2

Jobs I do at home.
Fill in the blanks **in French**.

Exemple:

Lundi soir je fais _____*la vaisselle*_____

Tous les jours je fais _____

et je range _____

Le dimanche je travaille dans _____

Quelquefois je fais _____

pour ma _____

Je n'aime pas passer _____

Je vais au _____

avec mon _____

J' _____

Le samedi je _____

Now you have to write a few complete sentences.

Exercise 3

You prepare an e-mail about your friend.
Give a description **in French** of your friend.
Write about 40 words in complete sentences.

> **Exemple:** – home
>
> *Ma copine habite à Derby*

Give the following details:
— age
— hair
— personality
— hobbies
— school

Section 2: Common exercises

For these exercises, common to both Foundation and Higher Tiers, accuracy becomes more important and you need to be able to show that you can use a range of tenses. The instructions are now given in French. NB: although three examples are given here, in the exam there will only be a choice of two.

Exercise 4

Mon école
Écrivez 90–100 mots en français.
Écrivez un article sur votre école. Donnez les détails suivants:
— depuis combien d'années vous êtes à l'école
— une description de l'école (le bâtiment, l'uniforme, la journée scolaire)
— quelle matière vous aimez le plus et pourquoi
— un voyage scolaire que vous avez fait
— quand vous allez quitter l'école

Now for two letter writing exercises.

Exercise 5

Écrivez 90–100 mots en français.
Vous allez faire une visite chez votre correspondant(e) à Grenoble.
Écrivez une lettre pour donner les détails suivants:
— comment vous allez voyager et quand
— deux activités que vous voudriez faire à Grenoble
— vos raisons
— une activité que vous avez déjà faite l'année dernière
et posez une question sur la région.

Exercise 6

Écrivez 90–100 mots en français.
Écrivez une lettre au sujet du travail et de l'argent de poche. Donnez les détails suivants:
— l'argent de poche que vous recevez
— tout ce que vous avez acheté récemment
— ce que vous faites pour aider à la maison
— ce que vous faites le week-end
— ce que vous allez faire comme travail à l'avenir

Section 3: Higher

These are the most demanding exercises, for which you have to write about 150 words and in which you must display your ability to write correct French with a certain style. You must also be able to write your opinions and impressions and give reasons. NB: although four examples are given here, in the exam there will only be a choice of two.

Exercise 7

Vous avez passé des vacances à l'étranger.
Écrivez un reportage **de 140 à 150 mots en français.** Expliquez où vous êtes allé(e). Donnez vos réactions et vos impressions du pays. Dites si vous préférez les vacances en Grande Bretagne ou les vacances à l'étranger et donnez les raisons de votre choix.

Exercise 8

Vous avez passé une semaine à travailler (par exemple dans un bureau, dans une usine, dans un magasin).
Écrivez un reportage **de 140 à 150 mots en français.** Donnez des détails des heures, de l'argent et du personnel. Parlez de ce que vous avez fait. Donnez vos impressions. Elles étaient bonnes ou mauvaises? Pourquoi? Expliquez ce que vous allez faire à l'avenir et pourquoi.

Exercise 9

Vous cherchez un travail en France pour les grandes vacances.
Écrivez une lettre **de 140 à 150 mots en français** pour poser votre candidature. Expliquez les dates où vous serez disponible, quelle sorte de travail vous avez déjà faite, les qualités que vous possédez et pourquoi vous y attachez de l'importance.

Exercise 10

Tu es en bonne forme? Tu aimes la vie? Réponds à notre débat!
*Ton régime   *Tes activités sportives   * Être en forme, c'est important?   * Pourquoi?
Écrivez un article **de 140 à 150 mots en français** pour contribuer au débat.

Sample answers and tips

Exercise 1 Sample answer

gare; piscine; hôpital; parc; école; stade; église; musée.

In this exercise, look at the example first. You will note that there is no need to include the article (i.e., *le, la, un, une*). This opening exercise is designed to be simple, to give you confidence at the start of the exam but you must aim to gain full marks in order to give yourself a better chance of scoring enough marks overall to reach Grade C standard. The pictures are provided as examples of the items to include, but you are free to write others as long as they are relevant to the task set. Write the ones that you are sure of first. If you run out of ideas from the example illustrations, you could always include shops such as *boulangerie, boucherie* etc. Think of the buildings in your own town and you shouldn't have much trouble in coming up with the French for eight of them. Although you must of course avoid writing in English, you may use words such as *cinéma* which are the same in both English and French (you wouldn't be penalised for missing the accent). Remember, though, to use the French spelling *parc* rather than "park".

Exercise 2 Sample answer

Tous les jours je fais <u>mon lit</u> et je range <u>ma chambre/le salon.</u> Le dimanche je travaille dans <u>le jardin.</u> Quelquefois je fais <u>la cuisine</u> pour <u>ma mère.</u> Je n'aime pas passer <u>l'aspirateur.</u> Je vais au <u>supermarché</u> avec mon <u>père/frère.</u> J'<u>aime faire les courses.</u> Le samedi je <u>lave la voiture.</u>

There are several different words that you could use to fill in some of the blanks, but they must obviously describe what you see in the pictures. As pointed out in the general hints, spelling need not be perfect, but your meaning must be clear.

Exercise 3 Sample answer

Mon ami s'appelle John. Il a seize ans. Il a les cheveux bruns. Il est sympa et très marrant. Il aime jouer au snooker et il adore regarder le foot. Il va à l'école avec moi.

Tips — There is no need to continue from the example. Take each point in turn and deal with it simply and as correctly as you can. It is a good idea to start by giving your friend's name even though the instructions here do not ask you to. Remember you are writing about another person, so you use the third person singular (*il* or *elle*) with the verb in the correct forms (e.g. *il **est*** / *il **va*** etc). Note and learn the common adjectives *sympa* ("nice") and *marrant* ("funny").

Exercise 4 Sample answer

Je vais écrire au sujet de mon école. L'école s'appelle Weston Road et je suis à l'école depuis cinq ans maintenant. L'école est assez moderne et grande – il y a environ mille élèves et une soixantaine de professeurs. La matière que j'aime le plus, c'est la chimie parce que je la trouve très intéressante et je voudrais être scientifique plus tard. L'année dernière j'ai visité la France en voyage scolaire. C'était formidable et il a fait très beau. Nous avons visité le sud et on a fait une excursion en Espagne aussi. Je pense que je vais quitter l'école après avoir passé mes examens. Je voudrais aller au collège.

Tips — Now that we are above the Foundation exercises, you have to show that you can write opinions and use different tenses. Did you notice the different tenses required in Task 4 (past) and Task 5 (future)? Note the useful opening phrase *je vais écrire au sujet de* …

In Task 1, the present tense is used with *depuis* to say you have been doing something **and still are.** Learn the phrase *j'apprends le français depuis cinq ans* as an example of this. Note the two useful ways of expressing "about"; use *environ* before the number or add the letters *–aine* to the number. This answer contains 106 words. When counting words, don't count English words or names such as the name of your school.

Exercise 5 Sample answer

Birmingham, le 15 mars

Chère Anne,

Je t'écris au sujet de ma visite chez toi à Grenoble en été. Je vais prendre l'avion de l'aéroport de Birmingham le six août et je vais arriver à Grenoble vers huit heures du soir. Pendant ma visite en Suisse je voudrais aller voir les Alpes – surtout le Mont Blanc – parce que j'adore les montagnes. J'aimerais aussi rencontrer tes copains pour perfectionner mon français! L'année dernière j'ai fait mon expérience de travail. J'ai travaillé dans un magasin mais c'était très fatigant! Est-ce qu'il y a des châteaux dans la région de Grenoble?

Amitiés, Sally.

Note that you have to mention **two** activities, with a reason for each. Since the visit is still to come you need to use the future tense (e.g. *je vais prendre*) but you could use the other form of the future (e.g. *je prendrai*). The **past** tense is required in Task 4. Note that you must ask a question at the end. Learn the useful phrase *Est-ce qu'il y a?* which means "is there?" or "are there?". Don't forget also the phrase *Est-ce que je peux* which means "can I?". Remember that, for variation, you can use the phrase *j'aimerais* which means the same as *je voudrais*. When saying you will arrive **on** a particular date you don't need any word to translate "on". As this is a letter, don't forget to write a suitable beginning and end.

Exercise 6 Sample answer

Oxford, le 15 mai.

Cher ami,

Salut! Ça va? Je t'écris au sujet de l'argent. Comme argent de poche je reçois dix livres par semaine de mes parents. Ce n'est pas beaucoup! J'ai acheté beaucoup de choses récemment. Le week-end dernier je suis allé en ville et j'ai acheté une chemise, une cravate et un CD. Le soir, j'ai mangé chez McDo. C'était cher! Pour gagner de l'argent de poche j'aide mes parents. Par exemple, je fais mon lit et je range ma chambre tous les jours. Le week-end je lave la voiture de ma mère et de temps en temps je fais le jardinage. À l'avenir je vais travailler comme mécanicien et je vais gagner beaucoup d'argent – j'espère!

Amitiés,

David.

Although we've mentioned how important it is to be able to use the past and future tenses, you mustn't forget how to use the present! Note the examples in Tasks 1, 3 and 4 here. Note the effective use of phrases like *c'était cher* ("it cost a lot"), *de temps en temps* ("from time to time"), *ce n'est pas beaucoup* ("it's not a lot") and *j'espère* ("I hope").

Exercise 7 Sample answer

L'année dernière j'ai passé des vacances superbes en Italie. J'y suis allé avec un groupe de mon lycée. C'est le prof d'histoire qui a organisé l'excursion parce que nous avions étudié l'histoire romaine pendant l'année. Nous nous sommes rendus à Rome en avion. Le voyage était inoubliable parce que nous avons pu voir la terre et la mer de l'avion. J'ai été très impressionné par Rome. Les ruines antiques étaient merveilleuses – on a visité le Colisé, les catacombes, la vieille ville. Mais je n'ai pas pu tout voir, donc j'ai envie d'y retourner un jour. Ce qui était bien à Rome, c'était l'architecture. Ce qui était moins bien, c'était la circulation – il y a tant de voitures et elles roulent si vite! Malgré tous ces bons souvenirs, je pense cependant que je préfère les vacances en Grande Bretagne. Je ne parle pas bien les langues étrangères et nous aussi, on a des ruines en Angleterre. D'ailleurs, je préfère la nourriture anglaise – je n'ai pas aimé les spaghetti!

Tips

This answer would earn a very good mark because it is very accurate. There is a good range of tenses, reasons have been given and justified and there is style in the writing. Equally importantly, all the points mentioned in the question have been dealt with. You should make a brief plan before starting an essay of this type to ensure that you have covered all that is asked for. You will always be asked to give your reactions, opinions or impressions and you should be confident in using the appropriate phrases. Some of the good points in this essay and which you should note are:

- adjective agreement – e.g. vacances super**bes**; la **vieille** ville; les langues **étrangères.**
- use of the **pluperfect tense** – nous **avions** étudié (we **had** studied).
- use of *se rendre* ("to go") as an alternative to *aller*, used correctly in the perfect tense.
- stylish vocabulary – e.g. *inoubliable* ("unforgettable").
- the use of *on* as well as *nous* to express "we" as in *on a visité* ("we visited").
- the use of the phrases *ce qui était bien ... ce qui était moins bien.*
- words like *malgré* ("despite"), *cependant* ("however"), *d'ailleurs* ("moreover").

Exercise 8 Sample answer

Au mois de mars, l'année dernière, j'ai passé une semaine à travailler dans un supermarché dans ma ville. Chaque matin j'ai dû commencer le travail à huit heures et j'ai travaillé jusqu'à cinq heures avec une pause d'une heure pour le déjeuner, que j'ai pris à midi et demi. Comme argent, je n'ai rien reçu parce que c'était de l'expérience de travail. Les employés au supermarché étaient sympa et accueillants, pour la plupart, sauf une femme qui m'a taquinée un peu. Mon travail consistait à remplir les étagères (ce qui était ennuyeux parce que c'était monotone) et à servir à la caisse (ce qui était plus intéressant parce que j'apprécie le contact avec le public). J'ai eu donc des impressions mixtes, mais au moins cela n'a duré qu'une semaine! Je n'aimerais pas travailler au supermarché à l'avenir. Ce que je voudrais faire, c'est travailler dans une école maternelle parce que j'adore les enfants.

Tips

Although a little lacking in style, this report is very accurate, covers all the points and contains some good vocabulary and instructions. It would therefore earn an excellent mark. Note in particular the following points:

- good use of time phrases such as *au mois de ...*; *l'année dernière*; *chaque matin*; *jusqu'à* ("until").
- the way in which some sentences have been linked with *qui* or *que* making "subordinate clauses" which give better style – e.g. *le déjeuner* **que** *j'ai pris*; *une femme* **qui** *m'a taquinée.*
- good vocabulary – e.g. *accueillant* ("welcoming"), with the correct plural ending.
- the use of *ce qui était bien ...*
- there are two good constructions using negatives: *Je n'ai* **rien** *reçu* and *cela n'a duré* **qu'**une semaine (meaning "it **only** lasted a week"). Check similar constructions with **personne, jamais** and **plus.**
- this report was written by a girl – you can tell because in the phrase *une femme qui m'a taquinée* the past participle has an extra *e* to agree with the word *me (m')* which comes before.

Exercise 9 Sample answer

Bath, le 14 mai

Monsieur/Madame,

Je vous écris pour poser ma candidature comme monitrice dans votre colonie de vacances pendant le mois d'août cette année. Je serai disponible à partir du trois jusqu'au vingt-quatre août. J'ai déjà travaillé avec les enfants. Je fais partie d'une organisation qui s'occupe des jeunes enfants de ma ville pendant les vacances. On organise des jeux, des compétitions et d'autres activités sportives et culturelles. Je considère que cette expérience m'aiderait beaucoup à travailler dans votre colonie. Pour ce qui est de mes qualités, je dirais que je suis patiente et amicale. Je m'entends bien avec les gens, surtout avec les enfants. J'ai un bon niveau en français et je parle aussi l'allemand et un peu d'espagnol. Ces qualités m'aideraient à vous être utile, à mon avis, dans votre colonie parce que je pourrais m'occuper des enfants de plusieurs nationalités, ce que je considère être très important.

J'espère que vous pourrez m'embaucher cet été.

Veuillez agréer, Monsieur/Madame, l'expression de mes sentiments distingués.

Jane Smith.

Tips

As you are required to write a letter, remember to give a suitable beginning and end (using the correct style of formal ending) and write your name at the end. Writing a letter applying for a job is a fairly common exam task at this level. As before, you must ensure that you cover all the points. Points worthy of note in this example include:

- good use of verbs in different tenses – there are examples here of the present, the future, the perfect and the conditional. Useful examples of each are:

    Present: *je vous écris pour* ... – "I am writing to you in order to ..."; *je m'entends bien avec* ... – "I get on well with ..."; *je fais partie de* ... – "I belong to"; *j'espère que* – "I hope".
    Future: *je serai disponible* – "I shall be available"; *je pourrai / vous pourrez* – "I / You will be able to".
    Perfect: *j'ai déjà travaillé* – "I have already worked".

    Conditional: *cette expérience m'aiderait* – "this experience would help me"; *je dirais que* ... – "I would say that ..."; *ces qualités m'aideraient* – "these qualities would help me"; *je pourrais* – "I would be able to ..."

- Remember that the verb *pouvoir* (like *devoir, savoir* and *vouloir*) must be followed by the infinitive of a verb.
- Note how the phrase *poser ma candidature* has been taken and used correctly from the instructions.
- Learn the phrases *à partir de* ... *jusqu'à* to use with times, days, dates etc. "from ... to".
- Note the correct adjective agreements: *les grand**es** vacances; je suis patient**e** et amical**e*** (a girl is writing the letter).
- Note the opinions phrases – *je considère que; je dirais que; à mon avis.*
- Learn the verb *embaucher* meaning "to employ".

Exercise 10 Sample answer

Pour moi, être en bonne santé, c'est une des choses les plus importantes de la vie. Plus on est en bonne santé, plus on apprécie la vie. Il est si important de faire tout ce qu'on peut pour éviter les maladies et rester en bonne forme. Moi, je suis en bonne santé parce que je fais attention à ce que je mange, je ne fume pas, je ne bois pas trop et je prends de l'exercice tous les jours. Pour mon régime, je mange des fruits et des légumes frais chaque jour. Je ne prends pas de plats sucrés et j'essaie d'éviter les produits graisseux. Je ne suis pas très sportif, mais je nage souvent à la piscine et je fais de l'équitation de temps en temps. J'ai toujours aimé jouer au football en plus. Oui, j'aime la vie parce que je reste en bonne forme!

Tips

This is a fairly simple answer but it is accurate. On a question like this, there is not as good an opportunity to use a range of tenses. Most verbs here are in the present tense but they are correct. Opinions are given and they are justified. Note the following:
- the use of the words *plus ... plus ...* to translate "the more ... the more". You can use the word *moins* ("the less") in the same way.
- the verb *éviter*, a useful verb meaning "to avoid". It is followed by *de*.
- time phrases: *de temps en temps, souvent, tous les jours* etc. Learn and use them.
- remember to use *de* rather than *des* after the negative in a phrase like *je ne prends pas **de** produits graisseux*.
- *en plus* is a useful alternative to *aussi*. Another good alternative is *également*.

Coursework

Your teacher will set your coursework tasks. You will do several during the course and towards the end you will select three pieces. You will choose your best pieces, obviously, but as your teacher will explain, they must be drawn from three different contexts and different sub-contexts (see page 2). Furthermore, at least one of these pieces must be one that you have done in class under "controlled conditions" with only a dictionary and no kind of notes to help you.

The mark awarded by your teacher for each piece of coursework will depend on its length, its accuracy, its use of tenses, its inclusion of opinions and reasons and so on. The marking of the communication, accuracy and quality of language is similar to that used for the final writing exam. The mark awarded by your teacher may, of course, be altered by the examiner who checks the marking of candidates from your centre.

For those pieces not done under controlled conditions, you are allowed to write a first draft. Remember that your teacher is not allowed to indicate the errors on the first draft but can only give general advice as to how it might be improved. When writing your final draft, check the spelling of every word. You are allowed to use a dictionary as well as other reference materials, and your own earlier work, including practice materials. But remember that the coursework must be your own work. You are not permitted to copy passages from a text book or ask someone else to help you. You are required to sign a declaration that the work has been written by you alone. If you have used reference materials you must state which materials you consulted at the end of each piece.

You may of course word-process your coursework but remember to include accents – find out how to create the accents on your word-processing program.

6 – Grammar Section

Grammar and linguistic structures

Essentials for achievement: whether you are going to sit Foundation or Higher papers (or a mix of both) you need to know the rules (or short cuts) which make French work. A full list of the grammar requirements can be found on the OCR GCSE French specification website. This chapter, however, aims to give you the "essentials" that you should try to master. The chapter features a **core** of grammar for **all candidates** and **extension** sections which indicate the grammar and structures that you should try to master in order to attempt the higher tier papers with confidence. Those grammar points or structures marked **R** indicate the points which you should be able to understand in Reading and Listening papers – you would not be expected to produce these in speaking and writing, but if you could, so much the better!

Verbs – core

- The most important part of a sentence is the verb. A verb shows an action, e.g. *je mange* (I eat). *Je* is known as the "subject pronoun" – the person performing the action, and *mange* is part of the verb *manger* – "to eat". Verbs are usually listed in their "infinitive" form, e.g. *manger* = to eat; *sortir* = to go out.

- The part of the verb used often changes its form in French according to the person who is performing the action, e.g. *je mange* = I eat, *ils mangent* = they eat. If you need to find the part of the verb that goes with a person's name, use the part which goes with *il* or *elle*.

- There are three main groups of regular verbs in French related to the last two letters of the infinitive and they follow patterns of endings in different tenses:
   Group 1 – *er* verbs e.g. *donner*
   Group 2 – *ir* verbs e.g. *finir*
   Group 3 – *re* verbs e.g. *vendre*

If you remove the last two letters of the verb you get its **stem**, e.g. infinitive *donner*, stem *donn–*.

- The stem of the verb will help you to form different tenses and talk or write in present, past or future time frames e.g. *je mange* = I eat/I am eating; *j'ai mangé* = I ate; *je vais manger* = I am going to eat; *je mangerai* = I will eat.

- Useful examples of **irregular** verbs which do not follow the rules for regular verbs are listed under each tense.

PRESENT TENSE – CORE
This tense is used to describe actions happening now or which happen normally e.g. *je mange à une heure* = I eat at 1 o'clock.

-ER verbs (e.g. *donner*; stem = *donn-*). Add *e/es/e/ons/ez/ent* to the stem as follows:

je donne	— I give
tu donnes	— you give (singular)
il/elle donne	— he/she gives
nous donnons	— we give
vous donnez	— you give (plural)
ils/elles donnent	— they give

-IR verbs (e.g. *finir*; stem = *fin-*).
Add *is/is/it/issons/issez/issent* to the stem (*je finis* etc)

je finis	— I finish
tu finis	— you finish
il/elle/on finit	— he/she/one finishes
nous finissons	— we finish
vous finissez	— you finish
ils/elles finissent	— they finish

-RE verbs (e.g. *vendre*; stem = *vend-*).
Add *s/s/-/-/ons/ez/ent* to the stem (*je vends* etc) as above.

je vends	— sell
tu vends	— you sell
il/elle/on vend	— he/she/one sells
nous vendons	— we sell
vous vendez	— you sell
ils/elles vendent	— they sell

Some essential irregular verbs.

ÊTRE (to be)	*AVOIR (to have)*	FAIRE (to do/to make)
je suis	j'ai	je fais
tu es	tu as	tu fais
il/elle/on est	il/elle/on a	il/elle/on fait
nous sommes	nous avons	nous faisons
vous êtes	vous avez	vous faites
ils/elles sont	ils/elles ont	ils/elles font
	Irregular	
ALLER (to go)	PRENDRE (to take)	METTRE (to put)
je vais	je prends	je mets
tu vas	tu prends	tu mets
il/elle/on va	il/elle prend	il/elle met
nous allons	nous prenons	nous mettons
vous allez	vous prenez	vous mettez
ils/elles vont	ils/elles prennent	ils/elles mettent

* these two are particularly vital as they are used to form the PERFECT TENSE (see below)

Also learn *courir – je cours* (I run); *dormir – je dors* (I sleep); *lire – je lis* (I read); *venir – je viens* (I come).

Reflexive verbs

These verbs describe actions done to oneself – e.g. *se laver* = to wash oneself. To form them, add the words shown below in bold, then follow the normal rules:

je **me** *lave; tu* **te** *laves; il/elle/on* **se** *lave; nous* **nous** *lavons; vous* **vous** *lavez; ils/elles* **se** *lavent*.

The words in bold above are known as "reflexive pronouns".

Present tense + *depuis*: note this construction to describe what you have been doing for some time: e.g. *je mange depuis cinq minutes* = I've/I have been eating for 5 minutes.

PERFECT TENSE – CORE

This is a **very** important tense to master. It describes a **finished action in the past** e.g. "I got up"; "I ate breakfast"; "I left home".

All verbs in the perfect tense need **1. a helper or auxiliary verb** and **2. a "past participle"**.

The **helper/auxiliary verb** is nearly always *avoir* in the present tense. However, a certain number of verbs use **être** in the present (remember which ones by learning the phrase

"Mr. Vans tramped", their initial letters):

Monter (to go up)
Rester (to stay)
Venir/revenir/devenir (to come/come back/become)
Aller (to go)
Naître (to be born)
Sortir (to go out)
Tomber (to fall)
Retourner (to return)
Arriver (to arrive)
Mourir (to die)
Partir (to depart)
Entrer/rentrer (to go in/to go back in)
Descendre (to go down).

Choose the part of *avoir* or *être* that you need (e.g. *j'ai; elle est*) then add the **"past participle"**. To form this, look at the diagram below.

Here is a complete verb in the perfect tense:

j'ai regardé (I watched/looked)
        nous avons regardé (we watched)

tu as regardé (you watched)
        vous avez regardé (you watched)

il/elle/on*a regardé (he /she/one watched)
        ils/elles ont regardé (they watched)

* note that the French sometimes use "on" for "we" – e.g. *on a mangé* – we ate

For verbs using *être* as the helper verb, form the past participle following the above rules, but note the irregular past participles from *mourir* (**mort**), *naître* (**né**) and *venir* (**venu**). Then pick the correct part of *être* in the present tense and place it before the past participle e.g. *je suis allé* (I went).

BUT REMEMBER! The past participles of verbs using *être* must "agree" with the person performing the action – i.e., you must add the letter "e" for feminine, "s" for masculine plural and "es" for feminine plural:

e.g. *il est allé; elle est allée; ils sont allés; elles sont allées.* If writing about yourself and you are a girl, you must write *je suis allée*.

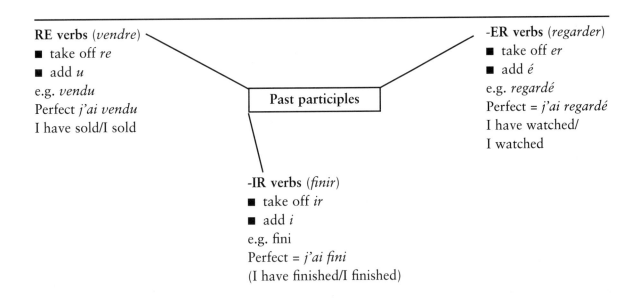

RE verbs (*vendre*)
- take off *re*
- add *u*
e.g. *vendu*
Perfect *j'ai vendu*
I have sold/I sold

-ER verbs (*regarder*)
- take off *er*
- add *é*
e.g. *regardé*
Perfect = *j'ai regardé*
I have watched/
I watched

Past participles

-IR verbs (*finir*)
- take off *ir*
- add *i*
e.g. *fini*
Perfect = *j'ai fini*
(I have finished/I finished)

Perfect tense irregular verbs.

Here is a web of the most important – make sure you know them!

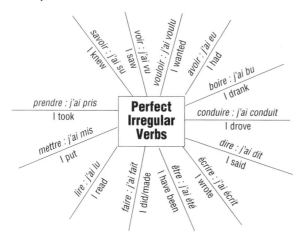

Perfect tense reflexive verbs

These always use *être* like the "*Mr. Vans Tramped*" verbs. Here is *se lever* in the perfect tense:

je me suis levé(e); tu t'es levé(e); il s'est levé; elle s'est levée; nous nous sommes levé(e)s; vous vous êtes levé(e)s; ils se sont levés; elles se sont levées.

IMPERFECT TENSE – CORE

This tense describes an unfinished action in the past – e.g. "I **was doing** my homework", whereas the perfect tense describes a finished action – e.g. "I **did** my homework". At Foundation Tier you only really need to know how to use 3 verbs in the imperfect tense – *être*, *avoir* and *faire* but you should be able to recognise the tense in other verbs (R – receptive use).

Main Uses

1. To describe something which **used to** happen regularly.
2. To describe something which **was** happen**ing** at a particular time.
3. To **describe** people, weather or things in the past.

Examples:
1. *Je faisais les devoirs à huit heures* – I used to do homework at 8 o'clock.
2. *Je travaillais dans ma chambre* – I was working in my room.
3. *Elle était grande* (She was tall); *Il faisait beau* (The weather was fine).

Three important verbs in the imperfect tense:

AVOIR: *j'avais; tu avais; il/elle/on avait; nous avions; vous aviez; ils/elles avaient.*
ÊTRE: *j'étais; tu étais; il/elle/on était; nous étions; vous étiez; ils/elles étaient.*
FAIRE: *je faisais; tu faisais; il/elle/on faisait; nous faisions; vous faisiez; ils/elles faisaient.*

Useful expressions in the imperfect tense:
Il y avait – there was/were. *C'était super* – it was great. *C'était intéressant/facile/difficile etc.* – it was interesting/easy/difficult etc.

IMPERFECT TENSE – EXTENSION

You should be able to use the imperfect tense of other verbs. Follow these simple rules to form the tense:

1. Take the *nous* form of the present tense (e.g. *nous donnons; nous finissons; nous vendons*)
2. Remove the *-ons* (e.g. *donn-; finiss-; vend-*)
3. Add the following endings:

je/ tu **-ais**; *il/elle/on* **-ait**; *nous* **-ions**; *vous* **-iez**; *ils/elles* **-aient**.

> **Tips**
> Think of the imperfect tense as being the opening panoramic shot on a film – describing what a place looked like and what was going on. As soon as the action starts, use the perfect tense!

Remember that this tense can be used to describe what **used to** happen in the past, e.g.: *Quand j'étais petite, je mangeais beaucoup de glaces* (When I was little I used to eat a lot of ice-cream).

Depuis + imperfect tense (Extension):
Je travaillais depuis 5 heures = I had been working for 5 hours.
Ils mangeaient depuis 10 minutes quand ... = They had been eating for 10 minutes when ...

IMMEDIATE FUTURE – CORE

This tense is used, as in English, to talk about **what is going to happen** – e.g. "I am going to eat".

To form it:
1. Choose the required part of the verb *aller* in the present tense (e.g. *Je vais*) and
2. Add the **infinitive** of the appropriate verb (e.g. *manger*).

Check page 82 for the present tense of *aller*. Here are some more examples:

Je vais lire – I am going to read; *Elles vont partir* – They are going to leave; *Il va se lever* – He is going to get up. Also note the negative – e.g. *je ne vais pas boire* – I am not going to drink.

FUTURE TENSE – CORE (R) AND EXTENSION

Be able to recognise this at Foundation Tier and try to use it at Higher Tier. This tense is a more definite form of the future than the immediate future above. It translates as "will/shall" e.g. "We shall go".

To form the future tense of verbs:

-ER/-IR verbs: 1. take the infinitive. 2. add the endings *-ai/as/a/ons/ez/ont* (for *je/tu*, etc.)
-RE verbs: 1. remove the *e* from the infinitive. 2. add the endings as above.

Learn the IRREGULAR VERBS in the future tense, shown in the diagram below.

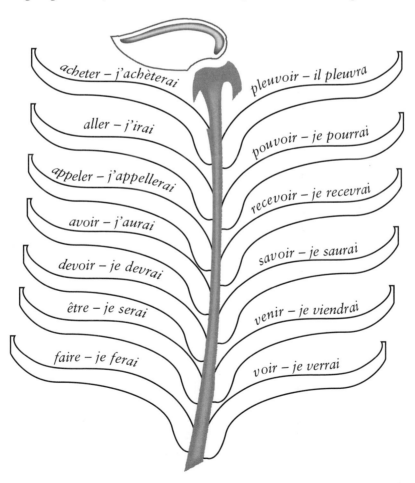

acheter – j'achèterai
aller – j'irai
appeler – j'appellerai
avoir – j'aurai
devoir – je devrai
être – je serai
faire – je ferai
pleuvoir – il pleuvra
pouvoir – je pourrai
recevoir – je recevrai
savoir – je saurai
venir – je viendrai
voir – je verrai

CONDITIONAL TENSE

This translates "I would ...". At **Foundation Tier** all you need to be able to use are *je voudrais* and *j'aimerais* (both have the idea of "I would like"). You use the **imperfect tense endings.**

At **Higher Tier** learn how to use it for other verbs. Simply follow the procedure for forming the future tense, but add the **imperfect tense** endings (i.e. *-ais; -ait* etc. – see above). This applies to regular and irregular verbs.
Examples: *j'achèterais* (I would buy); *elle irait* (She would go); *ils parleraient* (They would speak).

CONDITIONAL TENSE – EXTENSION

How is it formed?

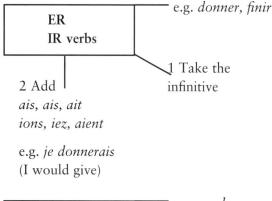

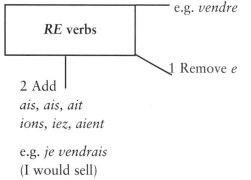

Irregular verbs
Irregular verbs in the conditional are the same ones as in the future – take the stem of the verb then just add the conditional endings, e.g.

aller: to go. Future, *j'irai*: I will go.
Conditional, *j'irais*: I would go.

Note the following:
j'aurais – I would have – *tu aurais il/elle/on aurait, nous aurions, vous auriez, ils auraient*
je serais – I would be, etc.
je ferais – I would make/do, etc.
The conditional is often used after the Imperfect Tense and *si* (if)

e.g. *Si j'avais beaucoup d'argent, j'irais en vacances.*
If I had a lot of money I would go on holiday.

PLUPERFECT TENSE – CORE (R) AND EXTENSION

At **Foundation Tier** you should be able to recognise this tense and at **Higher Tier** you should be able to use it. This is a **past tense** but it steps further back in time than the perfect tense.

e.g *J'ai mangé* (perfect tense) – "I **have** eaten"; *J'avais mangé* (pluperfect tense) – "I **had** eaten".

To form it, use the **imperfect tense** of *avoir* (*j'avais; tu avais* etc) or *être* (*j'étais; tu étais* etc.) for the *Mr. Vans Tramped* verbs and add the **past participle** (as for the perfect tense).

e.g. *j'avais fini* – I had finished; *elle était partie* – She had left; *il s'était levé* – He had got up.

THE PASSIVE – CORE (R) AND EXTENSION

The passive is used when the subject is at the receiving end of an action. Look at the difference in these two sentences:

Le garçon a été choisi (The boy has been chosen);

Il choisit un livre (He chooses a book).

In the first sentence, the boy is not performing the action of choosing, but in the second sentence he is.

Note these further examples: *j'ai été piqué par une abeille* (I've been stung by a bee); *elle a été blessée* (She has been injured). *La voiture sera réparée* (The car will be repaired – this is a future passive) – note how the verb requires the extra *e* to agree with *voiture*.

IMPERATIVES – CORE

These parts of the verb are used to tell people what to do. There are 3 types:
1. The *vous* form, used to one person you do not know well or to two or more people.
2. The *tu* form, used to one person you know well.
3. The *nous* form, which translates phrases starting with "let us …".

To form 1. use the *vous* form of the present tense **without the *vous*** – e.g. **Regardez!** – Look!

To form 2. use the *tu* form of the present tense **without the *tu*** – e.g. **Finis ton travail!** – **Finish your work!** (Note that *er* verbs drop the final *s* – e.g. *Regarde! Écoute!*)

To form 3. use the *nous* form of the present tense **without the *nous*** – e.g. **Partons!** – Let's go!

PRESENT PARTICIPLE – CORE (R) /EXTENSION

The present participle translates as the "ing" form of English verbs – e.g. *allant* – going.

BE CAREFUL! Do not use this structure where you really need a present tense, e.g. *Je vais* –"I go/I am going".

To form the present participle:
1. Take the *nous* form of the present tense (without the *nous*) e.g. *allons/regardons/finissons/vendons*.
2. Remove the *ons* and replace it with *ant* (e.g. *allant* (going); *regardant* (watching); *finissant* (finishing); *vendant* (selling).

Here are irregular participles – *ayant* ("having") from *avoir*, *étant* ("being"), from *être* and *sachant* ("knowing"), from *savoir*.

Use the present participle to translate phrases like "by/while/on doing". Look at these examples:

*Je réussirai mes examens **en travaillant** dur* (I'll pass my exams by working hard).

*Elle a fait la vaisselle **en écoutant** ses CD* (She did the washing up while listening to her CDs).

*Il est rentré **en courant*** (He went running home).

PERFECT INFINITIVE – EXTENSION

This is used to translate phrases like "After having eaten" (*après avoir mangé*).

It is formed by using the word *avoir* (or *être* for the *Mr. Vans Tramped* verbs) followed by the past participle (*Etre* verbs must agree by adding *e/s/es* e.g. *Après avoir fini, ils sont partis, Après être partis, ils ont téléphoné*).

NEGATIVES – CORE

To form the negative of French verbs, place *ne/n'* before and *pas* after:

e.g. *Je **ne** mange **pas**; Elle **n'**aime **pas**; il **ne** faisait **pas**; nous **ne** prendrons **pas**; il **ne** se lève **pas**.*

In the perfect and pluperfect tenses, *ne/n'* and *pas* go round the auxiliary verb:

e.g. *je **n'**ai **pas** vu; elle **n'**est **pas** arrivée; nous **n'**avions **pas** décidé.*

After a negative, use *de/d'* before the noun to translate "any" – e.g. *je n'ai pas d'argent*.

Note these other negatives: *ne … rien* (nothing); *ne … jamais* (never); *ne … plus* (no longer/no more); *ne … aucun* (none at all); *ne … que* (only); *ne personne* (nobody); *ne … ni … ni* (neither … nor)

INFINITIVES – CORE

As in English, you can use two verbs together, the second one being in the infinitive:

e.g. *j'aime jouer au tennis* (I like to play tennis); *j'ai voulu aller au cinéma* (I wanted to go to the cinema).

Some verbs take *à* and some take *de* before the infinitive.

With *à* (e.g. *j'ai commencé à manger*):

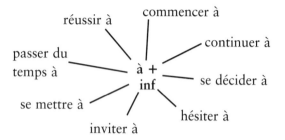

With *de* (e.g. *j'ai décidé de sortir*):

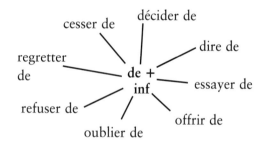

Avoir expressions followed by the infinitive (e.g. *j'ai l'intention de partir*):

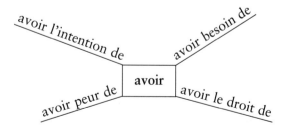

Note also: *sans* + infinitive e.g. *sans dire merci* (without saying thank you) and *pour* + infinitive – e.g. *pour acheter un cadeau* (in order to buy a present).

ARTICLES – CORE

Remember to check the small words for "the", "a", "some" or "any" which you need to use before nouns.

Definite article ("the"):

	Singular		Plural	
	Masc	Fem	Masc	Fem
	le/l'	la/l'	les	les
	au/à l'	à la/à l'	aux	aux (= to the)
	du/de l'	de la / de l'	des	des (= of the)

Indefinite article ("a"; "some"):

| un | une | des | des |

Partitive article ("some"; "any")

| du/de l' | de la/de l' | des | des |

N.B. Expressions of quantity: After *beaucoup de*, *assez de*, and *trop de* use only *de* – e.g. *beaucoup de vin*, *trop de temps*.

ADJECTIVES – CORE

An adjective describes, or gives more information about a noun. Adjectives change their spellings so that they agree with the noun in number (i.e. singular or plural) and gender (i.e. masculine or feminine). Note these six different types:

	Singular		Plural	
	Masc	Fem	Masc	Fem
	petit	petite	petits	petites
	jeune	jeune	jeunes	jeunes
	gris	grise	gris	grises
	premier	première	premiers	premières
	heureux	heureuse	heureux	heureuses
	actif	active	actifs	actives

Here are some irregular adjective forms:

ancien	ancienne	anciens	anciennes
beau/bel*	belle	beaux	belles
blanc	blanche	blancs	blanches
bon	bonne	bons	bonnes
favori	favorite	favoris	favorites
frais	fraîche	frais	fraîches
gentil	gentille	gentils	gentilles
long	longue	longs	longues
neuf	neuve	neufs	neuves

nouveau/ nouvel*	nouvelle	nouveaux	nouvelles
vieux/ vieil*	vieille	vieux	vieilles

(* – used before masculine singular nouns starting with a vowel – e.g. *un bel arbre*)

Adjectives are usually placed **after** the noun (e.g. *un livre bleu*) but the following are placed **before**:

beau/bon/gentil/grand/gros/haut/jeune/joli/long/ mauvais/meilleur/petit/vieux

POSSESSIVE ADJECTIVES – CORE

These translate words such as "my", "his", "our" etc. They agree with the word that follows, e.g. *son sac* = his bag **or** her bag (the word *sac* is masculine); *sa voiture* = his/her car (the word *voiture* is feminine).

Singular		Plural	
Masc	Fem	Masc/Fem	
mon	ma*	mes	(my)
ton	ta*	tes	(your)
son	sa*	ses	(his/her)
notre	notre	nos	(our)
votre	votre	vos	(your)
leur	leur	leurs	(their)

* but use *mon/ton/son* before a feminine noun starting with a vowel (e.g *mon auto*)

DEMONSTRATIVE ADJECTIVES – CORE

Translates as this/these:
Singular: Masc – *ce/cet* (before a vowel)
　　　　　Fem – *cette*
Plural:　　Masc and Fem – *ces*

Examples: *ce garçon* – this boy
　　　　　 cette maison – this house
　　　　　 ces fleurs – these flowers

COMPARATIVES – CORE

Translates words/phrases like "larger", "more interesting", "less expensive" etc.

Use **plus** in front of the adjective – *une plus grande maison* – a bigger house

To **compare** two things or people, you can use *aussi ...que* (as ... as) or **moins ...** *que* (less ... than) or **plus ...** *que* (more ... than).
Il est aussi grand que ... – as tall as ... (but use *si* after a negative)
Elle est moins chère que ... – less expensive than ...
Ils sont plus riches que ... – richer than ...

SUPERLATIVES – CORE

If you want to say "the tallest" "the fastest" etc. use, *le plus grand/la plus grande, le/la plus rapide* etc.

N.B: *le/la meilleur/e* = the best; *le/la pire* = the worst (e.g. *le meilleur livre*; *le pire garçon*).

INDEFINITE ADJECTIVES – CORE

Note the following:

autre/s	= other e.g. *les autres sacs* (the other bags)
chaque	= each, e.g. *chaque sac* (each bag)
même	= same, e.g. *le même sac* (the same bag)
quelque/s	= some, e.g. *quelques sacs* (some bags)
plusieurs	= several, e.g. *plusieurs sacs* (several bags)

ADVERBS – CORE

These describe verbs – e.g. slowly, well, thoughtfully. Place them after the verb – e.g. *Il chante bien* (he sings well); *Elle marche lentement* (she walks slowly) but after the **auxiliary** in the perfect/pluperfect tenses – e.g. *Elle a bien chanté.*

To form adverbs in French, take the feminine adjective and add *-ment* e.g *heureusement* (happily).

Note these **irregular** adverbs: *mal* (badly); *vraiment* (really); *constamment* (constantly); *vite* (quickly)

COMPARISON OF ADVERBS – EXTENSION

As with adjectives, use *plus* (more); *moins* (less); *aussi* (as) – e.g. *Il marche aussi lentement que son père* (he walks as slowly as his father). Use *le plus/le moins* to form the superlative of adverbs (and note that there is no need for agreements) – e.g. *Il/Elle conduit le plus vite* (He/She drives the fastest).

N.B. To translate "better" and "best" with a verb you must use *mieux/le mieux* – e.g. *Elle chante le mieux* (she sings the best).

Pronouns – core

Pronouns replace nouns. There are different types:
Subject Pronouns (I, you, he etc) which tell you who performs the action.
Direct Object Pronouns (me, you, him, her etc.) which indicate the object of an action e.g. "He sees **me**"
Indirect Object Pronouns (to me, to him, to her etc), used in French with verbs followed by *à* such as *demander à; dire à; donner à; téléphoner à*.

Y (there) – replaces *à* + a place; *Je vais au café* (I go to the café) – *J'y vais* (I go there).

En (of it, of them, some etc.) – replaces a word preceded by *du, de la, des* etc;

Tu as des frères? Oui, j'en ai trois. (I've got three of them).

Tu veux du chocolat? Oui, j'en veux. (I'd like some).

Position of Pronouns: place them before the verb (before part of *avoir/être* in perfect tense). If you use 2 or more pronouns in one sentence, follow this order:
1. Subject (je/il etc)
2. me/te/se etc.
3. le/la/les
4. lui/leur
5. y
6. en

Here is a web showing some major pronouns.

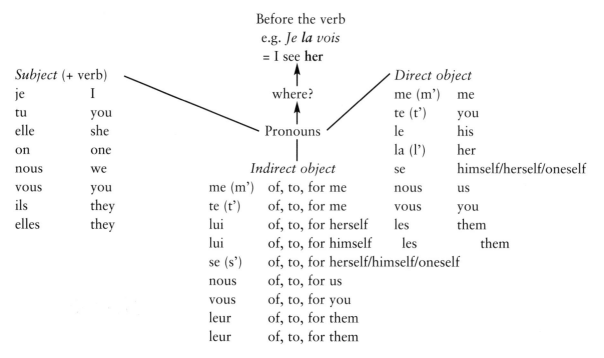

EMPHATIC PRONOUNS – CORE

These add **emphasis.** Use these if you want to use a pronoun by itself e.g. "It's me!" etc.

me – *moi*; you – *toi*; him – *lui*; her – *elle*; us – *nous*; you – *vous*; them (m) – *eux*; them(f) – *elles*.

Use them after prepositions – e.g. *avec elle; chez moi* etc. or to emphasis subject pronouns – e.g. *Moi, je ne l'aime pas!* (I don't like it!).

RELATIVE PRONOUNS – CORE

Qui = who/which, used as the subject of a clause which follows

e.g. *La femme qui est dans la voiture; Le stylo qui est dans le sac.*

Que = who (whom) /which, used as the object of a clause which follows

e.g. *L'homme que j'ai vu hier; La musique que je préfère.*

7 – Practice examination paper

LISTENING

[The material for the listening paper is on Side 1 of the cassette. There are no pauses on the cassette and the passages have not been repeated. You should pause the recording when you hear the pause signal. When you hear the repeat signal, rewind to the beginning of the exercise.]

Section 1: Foundation

Exercise 1 **Questions 1–5**

You will hear some short phrases in French.
Answer each question by ticking **one** box only.
You are taking the train from Calais to Paris.

1 What platform does the train leave from?

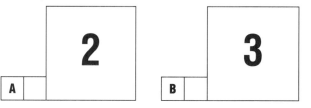

[1]

2 Which way do you go to get to the platforms?

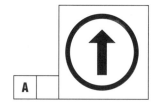
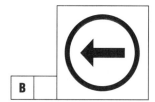
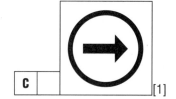

[1]

3 How long is it until the train leaves?

[1]

4 At what time does the train arrive in Paris?

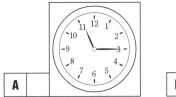  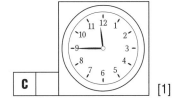

A   B   C   [1]

5 What type of train is it?

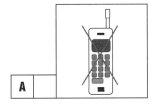  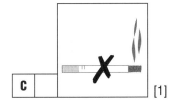

A   B   C   [1]

[Total: 5 marks]

Exercice 2   Questions 6–12

La famille de Xavier.
Lisez les questions.
Écoutez Xavier.
Pour chaque question, choisissez **une** réponse.

La famille de Xavier

Exemple: Combien de sœurs?

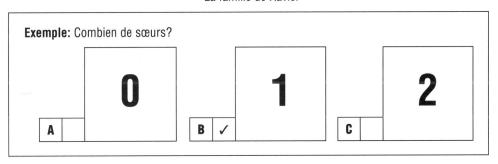

A   B ✓   C

6 Combien de frères?

A   B   C   [1]

7 Son père a quel âge?

A   B   C   [1]

8 Son père conduit:

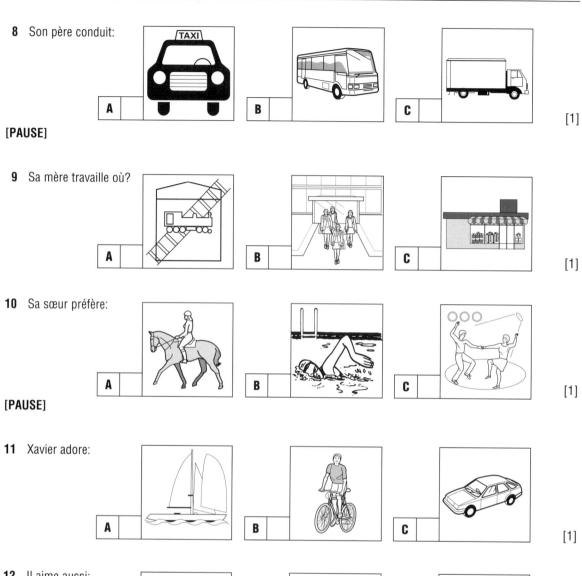

[PAUSE]

9 Sa mère travaille où?

10 Sa sœur préfère:

[PAUSE]

11 Xavier adore:

12 Il aime aussi:

[Total: 7 marks]

Exercice 3 **Questions 13–18**

Les jeunes parlent du transport.
Regardez les dessins.
Écoutez les jeunes. Pour chaque personne, choisissez le bon dessin.

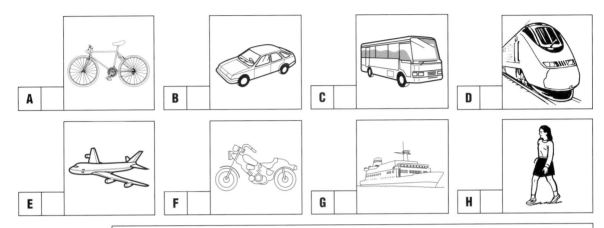

Exemple	Anne	_D_	
13	Luc	____	[1]
14	Véronique	____	[1]
15	Alain	____	[1]
16	Barbara	____	[1]
17	Pierre	____	[1]
18	Magali	____	[1]

[Total: 6 marks]

Exercice 4 **Questions 19–21**

On parle des vacances.
Regardez les dessins et la grille.
Écoutez les jeunes et:
- choisissez la bonne lettre et
- écrivez un autre détail **en français**

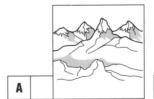
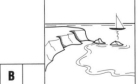

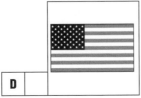

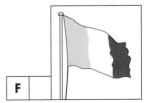

	Qui	Où	Détail
Exemple	Marie	F	avec la famille
19	Yannick	___	.... [2]
20	Hélène	___	.... [2]
21	Nicolas	___	.... [2]

[Total: 6 marks]

Exercice 5   **Questions 22–27**

Céline parle de son ami.
Regardez la grille.
Écoutez Céline et notez les détails **en français**.

L'ami de Céline

Exemple:	Il s'appelle:	Jean-Claude

22   Son âge: .... ans.   [1]

23   Son anniversaire: le ....   [1]

[Pause]

     Ses yeux: .... *bleus* ....

24   Ses cheveux: ....   [1]

25   Personnalité: ....   [1]

[Pause]

26   Il aime ....   [1]

27   Il n'aime pas ....   [1]

[Total: 6 marks]

Section 2: Common Exercises

Exercise 1   Questions 1–4

A French person reports a loss at the lost property office.
Look at the note pad.
Listen to the conversation and fill in the details **in English**.

Victoria Station Lost Property Office

Example: Object lost: .... *suitcase* ....

1   Description: (a) .... *large* ....

                    (b) .... [1]

                    (c) .... [1]

[Pause]

2   When lost: .... [1]

3   Where lost: .... [1]

[Pause]

4   Customer's name: .... [1]

[Total: 5 marks]

Exercice 2   Questions 5–9

Tu veux sortir ce soir?
Regardez la grille.
Écoutez Valérie qui téléphone à ses amis.
Pour chaque question:

- Cochez **OUI**   si la personne <u>veut</u> sortir ce soir
- Cochez **NON**   si la personne <u>ne veut pas</u> sortir ce soir
- Cochez **?**   si la personne <u>ne sait pas</u>

		OUI	NON	?
Exemple	Anne		✓	

		OUI	NON	?	
5	Bernard				[1]
6	Céline				[1]
7	Daniel				[1]
8	Érica				[1]
9	Fabien				[1]

[Total: 5 marks]

Exercice 3   Questions 10–14

On parle des carrières.
Regardez les dessins.
Écoutez les jeunes. Où voudraient-ils travailler?
Pour chaque personne, choisissez **une** lettre.

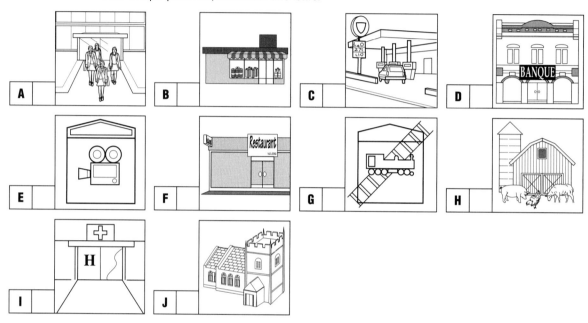

Exemple	Pierre	H	
10	Marc	___	[1]
11	Isabelle	___	[1]
12	Philippe	___	[1]
13	Sara	___	[1]
14	Jean	___	[1]

[Total: 5 marks]

Exercice 4   Questions 15–19

Un voyage difficile pour Dominique.
Lisez les questions.
Écoutez Dominique. Pour chaque question, choisissez **une** lettre.

Exemple:	Dominique a fait ce voyage	(a) la semaine dernière	
		(b) hier	✓
		(c) ce matin	

15 Dominique a voyagé
- (a) en train
- (b) à moto
- (c) en auto [1]

16 À neuf heures:
- (a) il a quitté son appartement
- (b) il a eu des problèmes
- (c) il a vu un accident [1]

17 À dix heures il y a eu
- (a) un accident
- (b) des embouteillages
- (c) une panne [1]

[Pause]

18 Le problème vers midi, c'était:
- (a) la circulation
- (b) les travaux
- (c) le mauvais temps [1]

19 À deux heures
- (a) il est arrivé à Paris
- (b) il est tombé en panne
- (c) il a fait le plein [1]

[Total: 5 marks]

Section 3: Higher

Exercice 1   **Questions 1–6**

Les publicités.
Lisez la liste A à J.
Écoutez les publicités et choisissez la bonne lettre.

- **A** un restaurant
- **B** une voiture
- **C** un magasin de vêtements
- **D** une maison de vacances
- **E** un livre
- **F** un garage
- **G** un disque
- **H** un supermarché
- **I** des vacances en car
- **J** un centre de sports

Exemple	_C_

1   ____ [1]

2   ____ [1]

3   ____ [1]

4   ____ [1]

5   ____ [1]

6   ____ [1]

[Total: 6 marks]

Exercice 2   **Questions 7–17**

Le travail.
Première partie (Questions 7 à 11)
Lisez les affirmations 7 à 11.
Écoutez l'interview.
Choisissez **un mot dans la liste** pour compléter chaque phrase.

Exemple:	M. Thévenet habite à ...._Paris_............

7   En ce moment, M. Thévenet est sans .... [1]

8   Il y a quatre ans, M. Thévenet travaillait comme .... [1]

[Pause]

9   Il a perdu son emploi à cause d'un .... [1]

10   Il a cherché d'autres emplois sans .... [1]

11   On a l'impression que M. Thévenet est .... [1]

[Total: 5 marks]

Choisissez les mots dans cette liste:
accident / camionnette / chômage / déclarer / emploi / facteur / heureux /
~~Paris~~ / parisien / poste / réussir / triste

Deuxième partie (Questions 12–17)

Une jeune personne cherche du travail.
Regardez le bloc-notes.
Écoutez l'interview et remplissez les détails **en français**.

Demande d'Emploi

NOM: .... *Corinne Barraud* ....

12 ÂGE: .... ans [1]

13 MATIÈRES D'ÉCOLE PRÉFÉRÉES:

    (a) .... *français* ....

    (b) .... [1]

    (c) .... [1]

[Pause]

14 ALLER À L'UNIVERSITÉ?: (OUI/NON) .... [1]

15 EXPÉRIENCE DE TRAVAIL: ....

.... [1]

[Pause]

16 TYPE DE TRAVAIL DÉSIRÉ: ....

.... [1]

17 VOUDRAIT TRAVAILLER DANS QUELLE RÉGION?

.... [1]

[Total: 7 marks]

Exercice 3

Questions 18–24

De quoi est-ce qu'on parle?
Lisez la liste.
Écoutez les personnes et choisissez la bonne lettre.
Cette personne:

A   est malade

B   a perdu de l'argent

C   est fatiguée

D   ~~a raté un examen~~

E   a faim

F   a pris un bon repas

G   a vu un bon film

H   est très pressée

I   vient de commencer un nouvel emploi

J   a perdu son emploi

Exemple	D

18   ____   [1]

19   ____   [1]

20   ____   [1]

21   ____   [1]

22   ____   [1]

23   ____   [1]

24   ____   [1]

[Total: 7 marks]

Exercise 4

Questions 25–28

You will hear a short news item about blocks of ice falling from the sky in Spain.
Read the questions.
Listen to the item and answer the questions **in English**.

Example:	Who are mentioned as being mystified by this occurrence?
	Spanish scientists

25 In what places have the blocks fallen?

(a) *in the courtyard of a bar* ....

(b) .... [1]

(c) .... [1]

26 How many people have been injured? [1]

[Pause]

27 What is said to be the strangest factor about the falling ice? [1]

28 Where are the blocks **most** likely to have come from? [1]

[Total: 5 marks]

READING

SECTION 1: Foundation (Time allowed – 45 minutes)

Exercise 1 **Questions 1–5**

Answer each question by ticking **one** box only.

1 **GARE SNCF**

This is a sign for **A** the garage ☐
 B the town centre ☐
 C the station ☐ [1]

2 **BOUCHERIE**

In this shop you could buy **A** bread ☐
 B meat ☐
 C fish ☐ [1]

3 **FERMÉ LE MARDI**

The shop is closed on **A** Monday ☐
 B Tuesday ☐
 C Wednesday ☐ [1]

4

Poulet frites ~~~~~~~~~ 3.5 €

Steak frites ~~~~~~~~~~ 4 €

Poisson frites ~~~~~~~~~ 2.75 €

How much is it for fish and chips? **A** 3.5 € ☐

B 4 € ☐

C 2.75 € ☐ [1]

5

PISCINE TOUT DROIT

Which way do you go to the swimming pool? **A** right ☐

B left ☐

C straight on ☐ [1]

[Total: 5 marks]

Exercice 2 Questions 6–13 *Les correspondants*

Lisez les lettres des correspondants.
Lisez les questions et choisissez la bonne lettre. Vous pouvez utiliser une lettre plus d'une fois.

A = Florent
B = Pauline
C = Ondine
D = Hélène
E = Victor

| Exemple: | *Qui habite en Côte d'Ivoire?* | D |

6 Qui a treize ans? ☐ [1]
7 Qui aime patiner? ☐ [1]
8 Qui aime la natation? ☐ [1]
9 Qui aime l'informatique? ☐ [1]
10 Qui joue d'un instrument de musique? ☐ [1]
11 Qui voudrait une correspondante anglaise? ☐ [1]
12 Qui voudrait une correspondante de douze ans? ☐ [1]
13 Qui parle anglais? ☐ [1]

[Total: 8 marks]

"J'ai 11 ans et je cherche un(e) correspondant(e) de 11 ou 12 ans parlant français. Mes passions sont le roller et le patinage artistique. J'aime aussi le cirque, le théâtre et discuter."

Florent, Alpes-Maritimes

"J'ai 12 ans et je cherche une correspondante de mon âge, française ou anglaise. J'aime le sport, surtout le tennis, et aussi danser, lire et rigoler. J'attends de tes nouvelles."

Pauline, Deux-Sèvres

"J'ai 12 ans et demi et j'aimerais correspondre avec des filles ou des garçons. Je fais du théâtre et j'adore ça, surtout les comédies. J'adore aussi Gaston Lagaffe et les chats. Je suis un peu fofolle! Et je ne parle que le français."

Ondine, Haute-Garonne

"J'ai presque 11 ans, je suis franco-belge, j'habite à Abidjan en Côte d'Ivoire et mon lieu de vacances est Bruxelles. J'apprends l'anglais depuis deux ans. J'aime la musique, je joue du piano, je fais de la danse classique et je nage beaucoup. J'aimerais correspondre avec une jeune fille anglophone de mon âge, vivant en Angleterre."

Hélène, Côte d'Ivoire

"J'ai 13 ans et je recherche un(e) correspondant(e) de mon âge. Je ne parle que le français. J'aime la série Friends, les jeux de rôles, l'escalade, le rap, la techno, Okapi et les ordinateurs. Réponse assurée à 100%!"

Victor, Vosges

Exercice 3   Questions 14–18   *À l'hôtel*

Lisez cette publicité pour l'hôtel.

HÔTEL RHANI
✯✯✯

☀ Situation
Cet hôtel décoré dans le plus pur style marocain est situé près du centre ville, dans un quartier calme, offrant une vue unique.

☀ Logements
100 chambres et 3 suites sont à votre disposition. Toutes les chambres ont balcons privés, salles de bains, toilettes séparées, climatisation individuelle et téléphone.

☀ Services
2 restaurants, 1 snack, piscine, 1 bar à cocktails et un parking gratuit vous attendent.

☀ Loisirs
1 piscine au milieu d'un jardin agréable et calme, 1 court de tennis et 1 table de ping-pong sont gracieusement mis à votre disposition. Golf et équitation à proximité.

Lisez les questions.
Pour chaque question, choisissez **une** réponse.

Exemple: Cet hôtel est du style:
A français. ☐
B marocain. ✓
C algérien. ☐

14 L'hôtel est:
A au bord de la mer. ☐
B à la campagne. ☐
C en ville. ☐ [1]

15 Chaque chambre a:
A une télévision. ☐
B un jardin. ☐
C un balcon. ☐ [1]

16 Le parking est:
A non payant. ☐
B payant. ☐
C fermé. ☐ [1]

17 A l'hôtel on peut:
A faire du vélo. ☐
B nager. ☐
C jouer aux boules. ☐ [1]

18 On peut aussi:
A faire du cheval. ☐
B jouer au golf. ☐
C jouer au tennis de table. ☐ [1]

[Total: 5 marks]

Exercice 4   Questions 19–25 Services à Valras

Regardez les annonces.

A
Boucherie Charcuterie
Nello Bonatto

17 Boulevard de la République

B

Jet-ski ◆ Canoe kayak.

Bateau école

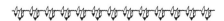

C

Chez Nicolas

Marchand de fruits et de légumes

La qualité est assurée!

D

Bar
"Le Cartoon"

Ses moules frites à la Belge

E

Poissonnerie

BARBA

Ouverte toute l'année

F

Cycles Localex

*Ventes et réparations de cycles et cyclos.
Locations. Scooters.
Vélos V.T.T.*

G

LA MADRAGUE

Bar • Restaurant • Glacier

FACE AU PORT

H

STATION SERVICE Valras Est

Réparations mécaniques

I

Boulangerie
Pasquière

Boulanger artisanal

Ouvert tous les jours

Pour chaque question, choisissez **une** lettre.

| **Exemple:** | Je voudrais acheter des oranges et des pommes de terre. | C |

19 Je voudrais acheter du pain. ☐ [1]

20 Je voudrais louer une bicyclette. ☐ [1]

21 Je voudrais manger une glace. ☐ [1]

22 Je voudrais manger des fruits de mer. ☐ [1]

23 Je voudrais apprendre à faire de la voile. ☐ [1]

24 Je voudrais acheter du porc. ☐ [1]

25 Je voudrais acheter de l'essence. ☐ [1]

[Total: 7 marks]

Exercice 5 Questions 26–30

Lisez cette lettre.

Chomérac, le 15 septembre

Salut!

Je vais t'écrire au sujet de mon école. J'habite dans un village mais l'école se trouve dans la ville voisine de Privas, à 10 kilomètres de chez moi. J'y vais en car – je dois quitter la maison à 7h30 le matin. Je fais beaucoup de matières. Ma matière préférée est l'histoire, l'anglais n'est pas mal mais je n'aime pas du tout les sciences. À midi c'est la pause-déjeuner. Je prends le déjeuner à la cantine mais le mercredi je n'ai pas de cours, donc je déjeune chez moi.

Je te quitte maintenant. Au revoir!

Christelle

Complétez ces phrases. Pour chaque phrase choisissez et copiez **un** des mots ou des phrases donnés.

> **Exemple**
>
> L'école de Christelle est située dans........*une ville*........ [un village/une ville/la capitale]

26 L'école est à .... kilométres de sa maison. [six/dix/douze] [1]

27 Christelle va à l'école en .... [auto/vélo/autobus] [1]

28 Christelle quitte la maison à .... [sept heures/sept heures et quart/sept heures et demie] [1]

29 Sa matière favorite est .... [les sciences/l'histoire/l'anglais] [1]

30 Le mercredi Christelle prend le déjeuner .... [à l'école/à la maison/au restaurant] [1]

[Total: 5 marks]
[Section Total: 30 marks]

SECTION 2: Common Exercises

Exercice 1   Questions 1–7 *Les intérêts d'une classe française*

Regardez les dessins.

Lisez ce message électronique d'une classe française.

In Box

Nos Intérêts

Dans notre classe nous sommes vingt-huit. On s'intéresse à beaucoup de choses. On aime tous la télé et la musique mais on a chacun ses propres intérêts.

Élodie, par exemple, elle est fana du cinéma – elle va chaque semaine voir un film.

Thomas, au contraire, il adore la lecture – il passe la moitié de son temps dans la bibliothèque à lire, il nous semble.

Hélène, elle, s'intéresse beaucoup à l'équitation et elle en fait chaque week-end.

Vivien, lui aussi, il aime les animaux et il aime surtout faire des promenades avec son chien.

Audrey est une très bonne nageuse – elle fait de la natation depuis l'âge de cinq ans et on pense qu'elle va être championne!

Pour **Yannick**, le plus important, c'est les jeux d'ordinateur – il passe des heures devant son petit écran!

Lucile est fana de la cuisine. Elle adore nous inviter chez elle à prendre un repas qu'elle a préparé.

Et puis il y a **Julien** – très intelligent, lui, et très fort en échecs. Il adore ça et il gagne toujours!

Pour chaque personne, choisissez la bonne lettre.

Exemple	Élodie	*F*

1 Thomas ☐ [1]

2 Hélène ☐ [1]

3 Vivien ☐ [1]

4 Audrey ☐ [1]

5 Yannick ☐ [1]

6 Lucile ☐ [1]

7 Julien ☐ [1]

[Total: 7 marks]

Exercice 2   **Questions 8–15** *Les petits jobs des jeunes*

Lisez ces extraits.

> Moi, j'ai un travail le week-end – le samedi, quoi. Je travaille dans un café en ville. Donc une fois rentré de l'école, samedi matin, je prends mon vélo pour aller au café où je travaille de deux heures jusqu'à dix heures du soir. C'est un travail qui me plaît.
>
> VICTOR

> J'ai un boulot au supermarché. Je travaille le samedi de huit heures jusqu'à seize heures. Le travail n'est pas bien payé et je le trouve désagréable.
>
> ISABELLE

> Je travaille pour mon père et ma mère sur notre ferme. Ils me donnent de l'argent de poche pour mon travail, ce qui est bien, mais je n'aime pas beaucoup le travail. Je travaille après l'école et tout le week-end. Je m'occupe des poules (je ramasse les oeufs) et des fois j'aide à traire les vaches.
>
> YVES

> J'ai travaillé l'année dernière dans un magasin mais cette année je ne fais pas ce boulot parce que j'ai trop de travail d'école à faire et ça, c'est plus important.
>
> CÉLINE

Pour chaque question écrivez le nom de la personne appropriée (Victor, Isabelle, Yves ou Céline). Vous allez utiliser les noms plus d'une fois.

Exemple:
Qui travaille au supermarché? .... *Isabelle* ....

8   Qui travaille avec les animaux? .... [1]

9   Qui aime son travail? .... [1]

10   Qui n'a plus son petit job? .... [1]

11   Qui ne reçoit pas beaucoup d'argent? .... [1]

12   Qui va au travail à bicyclette? .... [1]

13   Qui aide ses parents? .... [1]

14   Qui préfère s'occuper de ses études? .... [1]

15   Qui ne travaille pas le matin? .... [1]

[Total: 8 marks]

Exercise 3   Questions 16-20

Read this e-mail sent by Kévin to Eric, the letters editor of "Okapi" magazine.

> **In Box**
>
> Salut Éric. Je m'appelle Kévin et je vous envoie ce message pour vous donner mon opinion des cartes Pokémons. Je suis en colère contre les Pokémons! C'est du vol! J'ai passé beaucoup de temps cette année pour m'acheter plein de cartes et maintenant, voilà, c'est fini – mes copains au collège ne veulent plus y jouer. Pourtant l'année dernière, notre prof nous avait prévenus mais à ce moment-là je n'ai pas voulu l'écouter. Et maintenant je regrette en particulier avoir dépensé tant d'argent sur ces cartes. Dis-moi, Éric, pourquoi est-ce qu'on se fait toujours avoir comme ça?

Answer these questions **in English**.

Exemple:	Why has Kévin sent this message?
	to give his opinion of Pokémon cards

16 How does he feel about the Pokémons? ....[1]

17 What does he say he has spent much time doing this year? ....[1]

18 What does he say about his school friends? ....[1]

19 Who warned him about Pokémon cards last year? ....[1]

20 What does he say he now regrets in particular? ....[1]

[Total: 5 marks]
[Section Total: 20 marks]

SECTION 3: Higher

Exercice 1   Questions 1–4

Lisez cet article sur Madagascar.

Surnommée "La Grande Ile", Madagascar s'étend sur plus de 592.000 km², bercée à l'ouest par le canal de Mozambique et à l'est par l'Océan Indien. Elle est aussi vaste que la France, quatrième île après le Groenland, la Nouvelle Guinée et le Bornéo. On l'appelle aussi "L'Île Rouge" à cause de son sol, couleur de sang.

Elle a une population estimée aujourd'hui à douze millions d'âmes et elle offre une diversité culturelle et artistique aussi importante qu'intéressante.

La langue officielle est le malgache, bien que le français soit largement parlé ou au moins compris.

Son climat est de type tropical caracterisé par les hivers frais et les étés chauds avec une saison sèche de mai en octobre et une saison humide de novembre en avril.

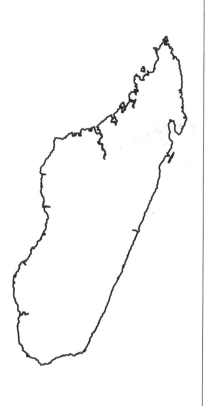

Complétez ces phrases **en français**. Choisissez et copiez les bons mots dans cette liste.

aussi   comprennent   couleur   écrivent   île   océan   pleut   plus   rouge   sèche

Exemple: Madagascar est une ......île......

1   Le Groenland est .... grand que Madagascar.   [1]

2   Le sol à Madagascar est ....   [1]

3   La plupart de la population .... le français.   [1]

4   Entre mai et octobre il ne .... pas beaucoup.   [1]

[Total: 4 marks]

Exercice 2   Questions 5–10 *Le film "Docteur Patch"*

Lisez cet article sur le nouveau film "Docteur Patch". N.B. *guérison* = **recovery**.

Le film "Docteur Patch"

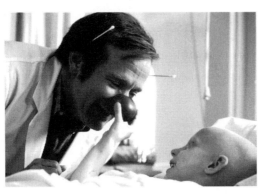

S'inspirant de l'histoire vraie du Dr. Patch, cette comédie raconte le combat d'un étudiant en médecine qui pense que le rire est le meilleur remède à la maladie! Dans les années 70, Hunter Adams (surnommé "Patch") étudie la médecine. Il comprend vite qu'en faisant le clown devant ses patients, il aide à leur **guérison**. Les malades sont ravis, les infirmières aussi, mais les grands patrons de l'hôpital sont choqués par son attitude. L'affrontement est inévitable … On imagine mal un autre acteur que Robin Williams dans la peau de ce docteur très humain et sensible. La star de *Madame Doubtfire* et de *Will Hunting* sait nous faire passer du rire aux larmes à l'intérieur d'une même scène. Il multiplie les effets comiques et imitations délirantes. Son humour est contagieux – mais n'oublie pas un paquet de mouchoirs, car ce film joue sur la corde sensible. Oulala, que d'émotions!

Faites correspondre les phrases 5 à 10 avec les phrases A à J.

Exemple: Ce film est basé	F

5 Pour combattre la maladie ☐ [1]
6 Dans les années soixante-dix ☐ [1]
7 La réaction des malades de Patch ☐ [1]
8 Les patrons de l'hôpital ☐ [1]
9 Robin Williams joue bien son rôle ☐ [1]
10 Ce film est plein ☐ [1]

[Total: 6 marks]

A   soutenaient les idées du jeune médecin.   F ~~sur une histoire vraie.~~
B   étaient contre les idées de Patch.   G   a été très positive.
C   il faut rire.   H   d'humour et de tristesse.
D   Patch a étudié la médecine.   I   ils étaient ravis.
E   grâce à ses talents de comédien.   J   d'imagination.

Exercice 3   Questions 11–15

Lisez cette interview avec Tonton David, un chanteur célèbre.

À 31 ans, Tonton David est le chanteur de reggae le plus célèbre de France.

Okapi: Dans tous tes disques il y a au moins une chanson sur ton enfance. Pourquoi?

Tonton David: Parce que c'est une période importante! J'ai quitté la maison à 14 ans. J'ai traîné à droite et à gauche. C'est un moment important de ta vie où tu grandis vite! Puis j'ai rencontré la musique. Le reggae m'a touché et je trouverai toujours le moyen de parler de mon passé.

Ok: La musique a été pour toi une façon de t'en sortir.

TD: C'est vrai, la musique, ça a été à la fois une façon digne de gagner de l'argent et une façon intéressante d'exister, d'être écouté.

Ok: Être écouté, c'est tellement important pour toi?

TD: Bien sûr! La musique te rend plus libre. Dans un même disque tu peux parler de tout. J'ai la chance de pouvoir dire ce que je pense.

Ok: Alors aujourd'hui c'est le rap qui permet ça?

TD: En partie oui, mais le rap parle plus des problèmes de la société, de ce que l'on vit aujourd'hui. Le reggae est une musique plus spirituelle que le rap; elle est associée à la recherche de son identité.

Ok: En quoi ton succès a-t-il changé ta vie?

TD: Je passe plus de temps qu'avant avec ma famille. Depuis mes débuts je n'ai jamais pris le temps de vivre… de voir grandir mon fils. Aujourd'hui j'ai aussi une petite fille de 8 mois – je prends maintenant le temps de les regarder grandir. L'argent compte moins.

Ok: Pendant ton enfance tu as eu des problèmes à l'école, n'est-ce pas?

TD: C'est vrai – et je n'en suis pas fier, mais je suis sûr que si j'avais été dans une autre école que celle de mon quartier ça se serait mieux passé. La qualité des écoles dépend beaucoup du quartier où tu habites… mais ce n'est pas grave, je continue d'apprendre aujourd'hui.

Lisez les questions. Choisissez la bonne réponse en cochant la case appropriée A, B ou C.

Exemple	Tonton David est chanteur	
	A de rap	☐
	B de reggae	✓
	C de rock	☐

11 Quelle est la période de la vie de David qui influence le plus sa musique?

    A Le passé ☐

    B Le présent ☐

    C L'avenir ☐ [1]

12 Pour David, la musique représentait un moyen:

    A d'écouter beaucoup de musiciens. ☐

    B de faire beaucoup de sorties. ☐

    C de parler des choses importantes. ☐ [1]

13 Quelle est la différence entre le rap et le reggae?

    A Le rap parle de la spiritualité de l'homme. ☐

    B Le rap est plus populaire que le reggae. ☐

    C Le rap vous permet de vous comprendre. ☐ [1]

14 Qu'est-ce que David regrette?

    A Il n'a pas assez de temps en famille. ☐

    B Il ne gagne pas assez d'argent. ☐

    C Il ne travaille pas assez. ☐ [1]

15 Que dit-il à propos de sa scolarité?

    A Il était très travailleur à l'école. ☐

    B Il était fier du quartier de son école. ☐

    C Il allait à une école dans un quartier difficile. ☐ [1]

[Total: 5 marks]

Exercice 4 Questions 16–30

Première partie (Questions 16–25)

Lisez ce texte sur le roller.

Remplissez les blancs. Choisissez les mots appropriés dans la liste.

Le phénomène roller a (exemple ......*débuté*......) en France en 1993, avec l'apparition des premiers rollers en ligne commercialisés par Rollerblade. Depuis, il s'en est **16** .... 1,5 million de paires et les in-liners ont totalement conquis l'asphalte. Ses roues alignées sur un rail central, son **17** .... situé sur le talon et son chausson profilé le rendent très différent d'un patin classique. La chaussure étant le prolongement direct de la jambe, le patineur, même débutant, gagne en stabilité et près de 20% en **18** .... Pas étonnant donc que la pratique se soit développée jusqu'à **19** .... un véritable mode de déplacement **20** .... Hormis les gaz d'échappement et la **21** .... du trafic qui font reculer les moins téméraires, les fans en ont vite **22** .... les avantages: on peut glisser entre les **23** .... et faire du "tic-tac" (montées et **24** .... de trottoirs) et on peut rider les pistes cyclables. Et en plus, le roller fait partie de ces sports gros brûleurs de calories – un patineur dépense 450 cal/h contre 360 pour un cycliste. Un sport d'endurance à recommander, le roller, à la différence du jogging, ne comporte pas de risques de chocs et fait tout **25** .... en douceur: les jambes, les bras, le coeur.

Choisissez les mots dans cette liste:
acheté / arrivés / ascensions / bras / compris / ~~débuté~~ / densité / descentes / devenir / efforts / fatiguer / frein / jambe / refusé / rural / travailler / urbain / vendu / vitesse / voitures

Part 2 (Questions 26–30)
Read the following advice about skating safely in towns.

> **ROLLER**
> **LES CONSEILS DES PROS**
> **Marion Thuriot et Serge Rodriguez, fondateurs de Rollermania:**
>
> "Pour rouler en toute sécurité, positionnez-vous clairement à droite sur les pistes cyclables. Sur les trottoirs, roulez sur les bords opposés aux sorties d'immeubles. Doublez toujours les piétons et les autres patineurs par la gauche. Restez maître de votre vitesse. Enfin, anticipez les réactions brouillonnes des enfants, la peur des personnes âgées."

Summarise **in English** the 5 pieces of advice given. [Total: 5 marks]

[Section Total: 30 marks]

SPEAKING

Role Play
Section 1: Foundation

Situation: You are in a café in France. You will have to:

- ask for 2 drinks (e.g. 2 white coffees)
- ask what sandwiches they have
- ask for 2 sandwiches (e.g. ham)
- ask for the bill

Your teacher will play the part of the waiter/waitress and will start the conversation.

Section 2: Common

Situation: You are in a travel agency in France and you want to book a flight to England. You will have to:

- say what you want to do
- reply to the employer's question *
- ask when the flight arrives in England
- say how you are going to pay

Your teacher will play the part of the travel agent and will start the conversation.

* the question here is *Et vous voulez voyager quand?*

Section 3: Higher

Situation: The notes and pictures below give an outline of part of your holiday trip to France last year, during which you celebrated your birthday.

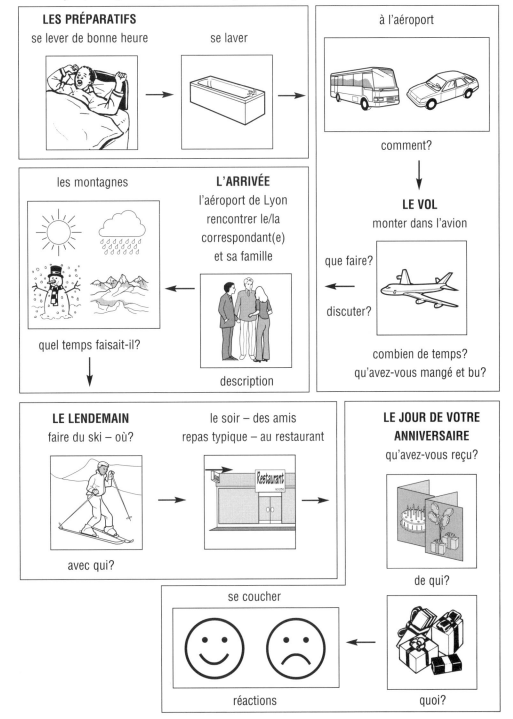

Remember that in addition to two role plays (Sections 1 and 2 for Foundation Tier or Sections 2 and 3 for Higher Tier) you will be required to give a prepared presentation, discuss your presentation with your teacher, then take part in a general conversation covering two topics.

WRITING

Section 1: Foundation

[Time: 40 minutes]

Exercise 1

You are going to make a meal for some friends while in France.
Make a shopping list **in French** of eight items of food to buy.

Example: .... *carottes* ....

1 ....
2 ....
3 ....
4 ....
5 ....
6 ....
7 ....
8 ....

Exercise 2

My holidays.
Fill in the blanks **in French**.

Exemple:

Je passe les vacances avec .... *ma famille* ....

D'habitude on passe .... *deux semaines en vacances* ....

D'habitude on va ....

On y va ....

On descend ....

En vacances j'aime ....

Et je joue au volley ....

Le soir on ....

Exercise 3

You write an e-mail to a new French penfriend.

Write about 40 words **in French** in **complete sentences**.

| **Example:** | Introduction | *Salut! Je suis ton nouveau correspondant (ta nouvelle correspondante)* |

Give the following details:

- your name, age and birthday.
- physical description.
- members of your family.
- your interests.
- what you study at school.
- what you like to eat and drink.

Section 2: Common Exercises

**Répondez à UNE question. Choisissez question numéro 1 ou question numéro 2.
Écrivez 90–100 mots en français.**

Exercise 1

Vous avez travaillé pendant les vacances d'été.
Écrivez une lettre **en français** à votre correspondant(e).
Donnez les détails suivants:

- où et quand vous avez travaillé et les heures de votre travail.
- ce que vous avez fait exactement.
- vos impressions du travail – le bon et le mauvais.
- ce que vous allez faire à l'avenir comme travail.

Exercise 2

Vous avez passé des vacances dans un hôtel en France avec des amis. Écrivez une lettre **en français** au patron de l'hôtel pour donner vos impressions.
Donnez les détails suivants:

- qui vous êtes et quand vous avez visité l'hôtel.
- ce que vous avez aimé à l'hôtel.
- ce que vous n'avez pas aimé à l'hôtel.
- si vous allez visiter l'hôtel l'année prochaine (pourquoi/pourquoi pas).

Section 3: Higher

Répondez à UNE question. Choisissez question numéro 1 ou question numéro 2.
Écrivez 140–150 mots en français.

Exercise 1

Vous avez fait un voyage difficile en France.
Écrivez un rapport **en français**.
- Donnez des détails du voyage (où? quand? comment? avec qui?).
- Expliquez les problèmes (circulation? mauvais temps? etc).
- Vos impressions et vos réactions.
- Le voyage que vous voudriez faire l'année prochaine.

Exercise 2

Comment être heureux. Quelle est votre solution pour une vie idéale?
Écrivez un article **en français**.
- Ce qu'il faut avoir pour une vie heureuse.
- Ce qu'il faut faire pour être heureux.
- Les choses qu'il ne faut pas faire.
- Votre expérience personnelle, vos impressions et vos résolutions.

Listening exam answers

Section 1

Exercise 1	1 B	2 A	3 B	4 A	5 C	(Total 5)
Exercise 2	6 A	7 B	8 C	9 C	10 A 11 B 12 A	(Total 7)
Exercise 3	13 B	14 E	15 H	16 C	17 G 18 F	(Total 6)

Exercise 4   19 B; *dans un hôtel*   20 D; *(passe) 2 semaines*   21 A; *avec (ses) copains* (Total 6)

Exercise 5   22 *17*   23 *1er Juin*   24 *blonds*   25 *amusant/marrant*   26 *ordinateurs*
27 *se lever/lundi(matin)* (Total 6)

Section Total: 30

Section 2

Exercise 1   1 black (1) / (quite) old (1)   2 (last) Wednesday afternoon   3 station
4 PINOT (Total 5)

Exercise 2   5 *NON*   6 *OUI*   7 *?*   8 *?*   9 *OUI* (Total 5)

Exercise 3   10 C   11 I   12 A   13 D   14 F (Total 5)

Exercise 4   15 C   16 A   17 B   18 C   19 B (Total 5)

Section Total: 20

Section 3

Exercice 1   1 D   2 H   3 B   4 I   5 A   6 E (Total 6)

Exercice 2
Première partie

7 emploi   8 facteur   9 accident   10 réussir   11 triste

Deuxième partie

12 *18*   13 *histoire; informatique*   14 *non*   15 *(serveuse) dans un café*
16 *informaticienne (dans une usine)*   17 *pas à Paris / Paris-non!*   (Total 12)

Exercice 3   18 G   19 C   20 F   21 B   22 H   23 J   24 A (Total 7)

Exercice 4   25 in a field; on the roof of a factory
26 none   27 the weather was fine   28 the wings of planes in flight (Total 5)

Section Total: 30

Reading exam answers

Section 1

Exercise 1	1 C	2 B	3 B	4 C	5 C			(Total 5)
Exercise 2	6 E	7 A	8 D	9 E	10 D	11 BD	12 AB	13 D	(Total 8)
Exercise 3	14 C	15 C	16 A	17 B	18 C			(Total 5)
Exercise 4	19 I	20 F	21 G	22 D	23 B	24 A	25 H	(Total 7)

Exercise 5   26 dix   27 autobus   28 sept heures et demie   29 l'histoire
30 à la maison   (Total 5)

Section Total: 30

Section 2

Exercise 1   1 H   2 C   3 E   4 B   5 D   6 J   7 I   (Total 7)

Exercise 2   8 Yves   9 Victor   10 Céline   11 Isabelle   12 Victor   13 Yves
14 Céline   15 Victor   (Total 8)

Exercise 3   16 angry   17 buying Pokémon cards   18 they don't want to play with Pokémon cards any more   19 his teacher   20 the money he spent   (Total 5)

Section Total: 20

Section 3

Exercise 1   1 plus   2 rouge   3 comprennent   4 pleut   (Total 4)

Exercise 2   5 C   6 D   7 G   8 B   9 E   10 H   (Total 6)

Exercise 3   11 A   12 C   13 C   14 A   15 C   (Total 5)

Exercise 4 (a)   16 vendu   17 frein   18 vitesse   19 devenir   20 urbain
21 densité   22 compris   23 voitures   24 descentes   25 travailler   (Total 10)

(b) 26–30 (any order): position yourself on the right; skate on pavements opposite building exits; overtake pedestrians on left; control your speed; anticipate reactions of children or old people   (Total 5)

Section Total: 30

Appendix

Listening Chapter Transcript

Section 1: Foundation

EXERCICE 1
1 Pour aller en ville, prends l'autobus numéro neuf.
2 Il y a un bus qui arrive à six heures et demie.
3 Descends de l'autobus devant la gare.
4 Continue tout droit et prends la première à gauche.
5 N'oublie pas ton parapluie – je pense qu'il va pleuvoir ce soir!

EXERCICE 2: Jean-Claude parle de son école
Salut! C'est Jean-Claude! Je vais te parler un peu de mon école. L'école est assez grande et moderne. Il y a cinq cents élèves. Je vais à l'école en car avec mes amis et j'arrive à l'école à huit heures moins le quart. Je fais beaucoup de matières à l'école. Ma matière préférée est l'informatique – j'adore les ordinateurs! Les autres matières sont assez bien, mais je n'aime pas l'histoire. Je prends le déjeuner à midi et quart. D'habitude, pour le déjeuner, je mange du poulet avec des frites. Comme dessert, je mange une glace. Après le déjeuner, je parle avec mes copains.

EXERCICE 3: La météo
Exemple: Voici la météo pour aujourd'hui. À Paris aujourd'hui, il fait très chaud.
Numéro un. Et dans le nord, à Lille, il fait beau aussi – il fait soleil.
Numéro deux. Mais dans l'ouest, à Brest, il ne fait pas si beau. Il y a des vents forts à Brest.
Numéro trois. Dans l'est du pays, à Strasbourg, la température n'est pas très élevée. Non! À Strasbourg il fait froid.
Numéro quatre. Bonnes nouvelles pour les skieurs! À Grenoble, il neige!
Numéro cinq. Et finalement, dans le sud et à Marseille, il y a du brouillard.

Section 2: Common

EXERCICE 4
Bonsoir. Je téléphone le lundi 18 mai pour faire une réservation à votre hôtel. Je voudrais réserver une chambre pour deux personnes, avec douche si c'est possible. Je dois vous avertir que ma femme est handicapée. On aura donc besoin d'une chambre au rez-de-chaussée. Nous allons arriver, ma femme et moi, le 15 juin et nous voudrions rester deux nuits à l'hôtel. Nous ne prendrons pas le dîner. On prendra le petit déjeuner seulement. Finalement, mon nom. Je m'appelle Lanvin. Ça s'écrit L-A-N-V-I-N. J'espère que vous pourrez m'assurer cette réservation.

EXERCICE 5: Des jeunes parlent de la nouvelle chanson de Céline Dion.

Exemple: Marc, tu as entendu la nouvelle chanson de Céline Dion, n'est-ce pas? Qu'est-ce que tu en penses?

Marc: C'est affreux! Je n'ai pas aimé la chanson et de toute façon je n'aime pas Céline Dion.

Numéro un. Et toi, Amélie. Comment t'as trouvé cette chanson?

Amélie: La chanson de Céline Dion?

Oui, c'est ça.

Amélie: Elle est super, Céline Dion, et cette dernière chanson est très bonne à mon avis.

Numéro deux. Luc, tu es d'accord, toi?

Luc: Oui tout à fait, tout à fait. Ça m'a plu, cette chanson – j'ai acheté le disque tout de suite, moi!

Numéro trois. Et toi, Caroline. Tu aimes cette chanson?

Caroline: J'aime bien Céline Dion, mais cette chanson n'était pas pour moi. Je l'ai trouvée ennuyeuse, moi.

Numéro quatre. Yannick, que penses-tu de la chanson?

Yannick: Laquelle?

La nouvelle chanson de Céline Dion . . . .

Yannick: Ah bon! Elle a sorti un nouveau disque? Eh ben – je ne l'ai pas entendu encore donc . . . euh . . . je ne sais pas comment c'est!

Numéro cinq. Anne-Lise, est-ce que tu as entendu cette chanson?

Anne-Lise: Oui, oui, je l'ai entendue, moi.

Et dis-moi ce que tu en penses.

Anne-Lise: Eh ben, tout le monde dit que c'est formidable et que . . . euh . . . c'est une chanson fantastique et tout mais . . . je ne suis pas d'accord. Moi, je ne l'ai pas du tout aimée.

EXERCICE 6: Valérie parle d'un voyage en France.

— Bon Valérie. Tu habites en Angleterre cette année mais tu es Française, n'est-ce pas?

— C'est ça. Je travaille en Angleterre mais j'habite en France près de la Suisse.

— Et tu es déjà rentrée chez toi pendant cette année en Angleterre, oui?

— Ah oui, bien sûr. Je suis rentrée chez moi au mois de décembre, à Noël.

— Bon. Parle-moi un peu de ce voyage. Comment ça s'est passé?

— Euh . . . eh bien . . . j'avais acheté des cadeaux, bien sûr, puisque c'était Noël et, euh, j'ai tout mis dans ma voiture.

— Je suis partie de bonne heure le matin.

— Et tu es arrivée à temps au port, il a fallu attendre ou quoi?

— Je suis arrivée en avance donc . . . euh . . . ça m'a permis de me reposer un peu dans la voiture avant d'embarquer.

EXERCICE 7: Isabelle parle des vacances

Pendant les vacances d'été, au mois d'août, je suis allée au bord de la mer avec mes parents et ma sœur. On y est allé parce que c'est là où habitent mes grands-parents. C'était bien – enfin assez bien quoi. Et le temps – ben, il faut dire que, malheureusement, il n'a pas fait beau, hein. Très peu de soleil et il a plu presque chaque jour – bref, du mauvais temps. Alors, quand j'étais en vacances je me suis détendue, j'ai dormi, quoi! Je n'ai pas nagé – je n'aime pas la natation – mais je me suis promenée et j'ai lu aussi. J'adore la lecture donc j'ai lu énormément de livres.

Section 3: Higher

EXERCICE 8

Exemple: Samedi, vers une heure et demie, les pompiers sont intervenus pour éteindre un incendie qui s'etait déclaré dans un pavillon situé rue Marcel Proust à Dijon.

Numéro un. Un choc entre deux véhicules a fait trois blessés hier, sur l'autoroute A20 près de Limoges. Les deux véhicules circulaient sur la dernière partie de l'autoroute en travaux. Selon les gendarmes, le conducteur d'une des voitures aurait perdu le contrôle de son véhicule en raison de pluie.

Numéro deux. Quatre élèves du collège de Saint-Nicolas-de-Port ont été exclus de leur école pour avoir fumé dans la cour. Les fautifs, âgés de 15 ans, ont été trahis par le petit nuage de fumée qui flottait au-dessus du groupe.

Numéro trois. Journée nuageuse avec des pluies ou des ondées orageuses, surtout sur l'extrême sud de notre région. Les températures restent douces – 7 à 10 degrés au lever du jour. Vent de sud à sud-ouest assez fort.

Numéro quatre. Un petit nouveau-né a été retrouvé, vendredi, dans un fossé au bord de la route et près d'un pont à Triel-sur-Seine. Le petit enfant a été conduit à l'hôpital à Paris. La mère de l'enfant est, depuis, activement recherchée.

Numéro cinq. Arnaud Bécard, 23ème joueur mondial, finaliste dimanche dernier à Lyon a été battu, hier, en demi-finale du tournoi de tennis de Vienne. C'était un match dur pour Bécard qui a perdu en trois sets.

Numéro six. Deux malfaiteurs ont été arrêtés à Brive hier, une heure après avoir commis un vol au Musée Municipal en présence de plusieurs visiteurs. Grâce aux renseignements des témoins, les gendarmes ont pu identifier l'un des suspects, puis récupérer le bronze volé qui était caché dans sa voiture.

EXERCICE 9

Exemple: Mme. Leblanc. Qu'est-ce que vous pensez de l'Euro, vous?

Mme L.: Eh bien pour moi . . . euh . . . je pense que l'Euro, c'est très bien parce que . . . euh . . . il y aura une seule monnaie, une monnaie unique pour toute l'Europe et donc, ce sera très pratique je pense. Donc moi, je suis tout à fait pour.

Numéro un. Et vous, M. Morel. qu'est-ce que vous en pensez?

M. Morel: Eh bien . . . c'est un peu dur pour moi de dire parce que . . . enfin . . . je ne vois pas très bien le but de cette nouvelle monnaie en ce moment, vous savez et donc . . . euh . . . j'aimerais bien avoir un peu plus de renseignements pour . . . euh . . . former plus tard mon propre jugement, vous comprenez.

Numéro deux. Mme. Lefèvre, que pensez-vous de l'Euro?

Mme. Lefèvre: C'est pas du tout une bonne idée, cet argent unique parce que, à mon avis, je pense que chaque pays devrait garder sa monnaie . . . la France doit garder le franc, n'est-ce pas, et de même pour l'Allemagne, l'Angleterre, etc. L'argent . . . euh . . . c'est quelque chose de particulier à chaque nation.

Numéro trois. M. Rongier. Quelle est votre opinion?

M. Rongier: Eh ben, je pense qu'il y a du pour et du contre, hein. Il y a du bon dans le sens que . . . euh . . . une monnaie unique pourrait rapprocher les nations . . . euh . . . et les gens entre eux, donc ça aiderait à éviter les guerres, mais . . . d'un autre côté . . . euh . . . on risque peut-être de perdre un peu son identité nationale.

Numéro quatre. Et vous, Monsieur Duval. Qu'en pensez-vous?

M. Duval: Oui alors, c'est assez intéressant, l'Euro, mais à mon avis . . . euh . . . le plus grand danger, c'est que les prix vont sûrement augmenter, et c'est toujours comme ça d'ailleurs. Les prix vont certainement augmenter – vous verrez!

Numéro cinq. Mme. Jolivet. Qu'est-ce que vous pensez de l'Euro?

Mme. Jolivet: Euh . . . je comprends bien de quoi il s'agit mais je pense qu'il y a des choses bien plus importantes . . . comme, par exemple, euh, la paix dans le monde . . . avant de penser à l'argent, il faut penser à des choses comme ça.

Numéro six. Et finalement, M. Arnaud. Qu'est-ce que vous pensez de l'Euro?

M. Arnaud: L'Euro? C'est quoi ça?

Vous n'avez pas entendu parler de l'Euro?

M. A.: Pas du tout! Non, je ne vois pas ce que c'est. C'est quoi donc, l'Euro? C'est une nouvelle voiture?

EXERCICE 10

Bonjour tout le monde et un bonjour spécial pour nos deux invités cet après-midi, Mme. Ballard et M. Leclerc. Mme. Ballard et M. Leclerc écoutent notre émission chaque jour chez eux mais aujourd'hui ils sont venus y participer. J'ai dit tout à l'heure "spécial" – que nos deux invités étaient un peu spéciaux. Pourquoi? Eh bien, c'est tout simplement par le fait qu'ils ont vécu – ils ne sont pas vieux mais ils ont vu des choses pendant leur vie. Ils connaissent la vie, pour ainsi dire.

Mme. Ballard. Voulez-vous me parler un peu de votre passé – de votre enfance, peut-être?

Mme B.: Eh bien … je suis née à Lille et … euh … j'ai eu une enfance à la fois difficile et heureuse. Difficile parce que mes parents n'avaient pas beaucoup d'argent, mais en même temps c'était une enfance heureuse parce que mes parents m'aimaient et eux aussi, ils s'aimaient. Ils ne se sont pas séparés … et ils ne se sont jamais disputés non plus.

Et dites-moi, Mme. Ballard, que pensez-vous des jeunes d'aujourd'hui?

Mme. B.: Les jeunes d'aujourd'hui, eux aussi, ils ont la vie difficile parce que … en quelque sorte … euh … ils en ont trop.

Que voulez-vous dire exactement?

Mme. B.: Eh bien, ce que je veux dire, c'est que … ils sont riches, beaucoup plus riches que les jeunes d'hier. Ils ont des … des vélos, même des voitures, des téléviseurs, des ordinateurs, des choses comme ça, n'est-ce pas?

Donc leur problème, à mon avis, c'est qu'ils attendent trop de la vie.

Donc vous n'aimez pas les jeunes d'aujourd'hui?

Mme. B.: Mais si! Je n'ai pas dit ça. J'ai dit simplement que je pense que leur situation est difficile.

Passons maintenant à vous, M. Leclerc. Comment votre vie s'est-elle passée?

M. L.: Eh bien je dirais que … comme tout le monde, je pense, j'ai eu des hauts et des bas, n'est-ce pas. Les hauts? Ben, j'ai vu le monde, j'ai aimé, je suis le père de deux enfants magnifiques.

Et les bas?

M. L.: Oui alors, les bas. La guerre. Il faut dire que ça, la guerre, c'était quelque chose de … abominable. J'ai vu des jeunes mourir. Passons – je ne veux plus en parler. J'ai connu aussi le chômage – j'ai été chômeur pendant trois ans et ça, je n'ai pas aimé.

Et que pensez-vous des jeunes d'aujourd'hui?

M. L.: Je dirais qu'en général ils sont plus … euh … paresseux que nous quand on était jeune. Pas tous, hein, mais il y en a qui sont paresseux et qui ne travaillent pas si dur que les jeunes d'autrefois. Mais les jeunes d'aujourd'hui, eux aussi, ils ont maintenant le même problème que j'ai eu moi-même – un manque de travail … un monde où il y a de moins en moins d'emplois et ça, c'est à cause de l'informatique, vous savez. À mon avis la technologie moderne a volé énormément d'emplois et … vous voyez … ça va continuer dans l'avenir et ça sera encore pire.

EXERCICE 11

Exemple. Céline: On a pris d'abord du potage – un potage délicieux. Ensuite il y a eu du poisson, suivi d'un gigot d'agneau avec des légumes frais – et vraiment frais, hein! Comme dessert nous avons mangé un vacherin glacé – superbe! Un bon vin rouge avec la viande et du champagne avec le dessert. Parfait!

1 Paul: Je suis allé d'abord acheter une nouvelle chemise et puis, après ça, j'ai acheté un livre à la librairie Gibert. Finalement je suis allé au supermarché où j'ai acheté les provisions pour la semaine.

2 Muriel: Après le travail, jeudi dernier, je ne me sentais pas bien – pas bien du tout – donc je me suis couchée de bonne heure. Le lendemain ça n'allait toujours pas bien donc je suis restée au lit. Je n'ai rien mangé et je me sentais vraiment faible. Ma mère est allée chercher des médicaments et après trois jours je me suis remise.

3 Serge: Je sais bien que j'avais ma montre avec moi ce matin au travail, mais je sais plus où elle est. Et c'est vraiment embêtant, hein, parce que c'était un cadeau d'anniversaire que mon père m'a offert il y a dix ans. Je dois aller au bureau des objets trouvés ce soir.

4 Laure: J'avais écrit je ne sais pas combien de lettres, j'avais passé des centaines de coups de téléphone sans réussir et puis, ce matin, je reçois une lettre de l'usine où on m'a interviewée la semaine dernière et – chouette! – je vais commencer lundi!

5 Julien: Il faut dire que je l'ai trouvé difficile – très difficile – et je ne pense pas avoir réussi. Ça a duré quatre heures – tu te rends compte! Les premières questions n'étaient pas mal et je crois que j'ai écrit de bonnes réponses – enfin, assez bonnes, quoi – mais la dernière composition – alors là, c'était dur, hein!

6 Anne: Oh là là! Quelle horreur! J'arrive à temps – enfin, je crois bien que j'étais à temps – il fallait être à Paris avant midi, tu vois – j'avais réservé une place donc … euh … pas besoin de faire la queue au guichet … mais ce qui est stupide, c'est que je suis descendue au mauvais quai! Tu te rends compte! Que je suis bête! Donc me voilà qui attend au quai numéro quatre et je le vois partir du numéro deux!

EXERCISE 12

Pour ce qui est du basketball, les Américains sont vraiment les plus forts! Aux jeux Olympiques d'Atlanta, en 1996, les basketteurs Américains ont gagné la médaille d'or sans forcer leur talent. Des joueurs comme Michael Jordan sont d'ailleurs connus et admirés dans le monde entier. Pourquoi les Américains sont-ils si forts? Avec le baseball et le football américain, le basket est l'un des sports les plus populaires aux États-Unis. Très tôt, les enfants se retrouvent sur les terrains qui poussent aux quatre coins des villes. L'école joue, ensuite, un rôle déterminant. Et surtout l'université, qui finance les études des élèves les plus doués. Et à la fin de chaque saison, on choisit les meilleurs joueurs – leur avenir se décide et ils deviennent professionnels. Pour eux commence une vie d'entraînement intensif … une vie de voyage aussi, avec plus de 80 matchs par saison. Mais ça paie bien aussi! Chez les professionnels, le salaire minimal est de 5 millions de francs par an. Une superstar comme Michael Jordan gagne 100.000 dollars … par jour!

Speaking Chapter Transcript

Role Play 1: Section 1: Foundation

CARD 1

Examiner: Tu es dans un hôtel en France. Moi, je suis le réceptionniste. Je peux vous aider Mademoiselle?
Candidate: Je voudrais une chambre s'il vous plaît.
E: Pour combien de temps?
C: Deux nuits s.v.p.
E: Vous voulez quelle sorte de chambre?
C: Une chambre avec douche.
E: Oui, c'est possible, Mademoiselle.
C: C'est combien?
E: C'est 240 francs par nuit.

CARD 2

Examiner: Tu es à la gare. Moi, je suis l'employée. Bonjour, Monsieur.
Candidate: Il y a un train pour Toulouse?

E: Oui, Monsieur, à 11 heures.
C: Je voudrais un billet en deuxième classe, s.v.p.
E: Quelle sorte de billet voulez-vous?
C: Un aller-retour, s.v.p.
E: Voilà Monsieur.
C: C'est combien s.v.p?
E: Ça fait 180 francs.

CARD 3
Examiner: Tu es au restaurant. Moi, je suis la serveuse. Alors Mlle, vous prenez quel menu?
Candidate: Je voudrais le menu à 60 francs s.v.p.
E: Que voulez-vous comme plat principal?
C: Je voudrais le poulet, s.v.p.
E: Et comme légumes?
C: Des petits pois, s.v.p.
E: D'accord Mlle.
C: Où sont les toilettes, s.v.p?
E: Au sous-sol, Mlle.

Role Play 2: Section 2: Common – Foundation and Higher

CARD 1
Examiner: Tu téléphones à un restaurant. Moi, je joue le rôle du propriétaire du restaurant. Restaurant de la Place! Bonsoir. Je peux vous aider?
Candidate: Bonsoir Monsieur. J'ai laissé mon manteau dans le restaurant.
E: Comment est votre manteau, Mademoiselle?
C: Il est noir et en cuir.
E: Quand est-ce que vous avez mangé chez nous?
C: J'ai mangé au restaurant hier soir.
E: En effet, on a trouvé votre manteau. Quand pourrez-vous venir le chercher?
C: Je viendrai chercher mon manteau demain, à midi.
E: Très bien Mademoiselle. À demain. Au revoir.

CARD 2
Examiner: Tu téléphones à un garage. Moi, je joue le rôle de la garagiste. Allô! Garage Étienne. Je peux vous aider?
Candidate: Bonsoir Madame. Je suis tombé en panne.
E: Où est votre voiture, Monsieur?
C: Ma voiture est au centre-ville, devant la poste.
E: Et quel est le problème Monsieur?
C: Le moteur ne marche pas.
E: Bon. Où allez-vous m'attendre?
C: Je vais attendre dans ma voiture.
E: Très bien Monsieur. À bientôt.

CARD 3

Examiner: Tu es en France mais tu ne vas pas bien, donc tu vas à la pharmacie. Moi, je joue le rôle du pharmacien. Bonjour Mademoiselle. Je peux vous aider?

Candidate: Je suis malade.

E: Quels sont vos symptômes?

C: J'ai mal au ventre.

E: Qu'est-ce que vous avez mangé hier soir au dîner?

C: J'ai mangé des fruits de mer.

E: Bon, il vous faut prendre ce médicament.

C: Je dois prendre combien de comprimés?

E: Il faut en prendre 2 le matin et 2 le soir.

Role Play 3: Section 3: Higher

CARD 1

Examiner: Alors, l'année dernière tu as fait un séjour en France et pendant ta visite tu as organisé une boum avec tes amis, n'est-ce pas?

Candidate: Oui, j'ai organisé une boum avec mon amie Dominique.

E: Eh bien qu'est-ce que tu as fait le matin?

C: Le matin je suis … non … j'ai téléphoné à des amis … des amis de Dominique.

E: Et qu'est-ce que tu as dit à tes amis français?

C: J'ai dit … enfin j'ai invité les amis à la boum.

E: Et après?

C: Après, je suis allée au supermarché. J'ai fait des courses.

E: Qu'est-ce que tu as acheté pour la boum?

C: J'ai acheté des fruits, du chocolat, des chips et des boissons.

E: Quelle sorte de boissons?

C: Du coca et de la limonade.

E: Tu as payé?

C: Oui – c'était cher – 250 francs.

E: Après, qu'est-ce que tu as fait?

C: Je suis retournée à la maison et j'ai fait le ménage.

E: Ah, c'est bien! Tu as rangé la maison?

C: Oui, et j'ai passé l'aspirateur…

E: Et le soir? Est-ce que les parents étaient à la maison?

C: Non, ils sont allés au restaurant.

E: Et qui est arrivé à la maison?

C: Les amis sont arrivés … à 8 heures. Ils ont apporté des CD.

E: Et qu'est-ce que tu as fait?

C: J'ai dansé, j'ai parlé avec les amis et j'ai joué aux cartes.

E: Et tu as mangé quelque chose?

C: Oui, j'ai bu un coca et j'ai mangé des chips.

E: Et la musique – c'était bruyant?

C: Oui … très.

E: Et combien de temps a duré la boum?

C: Trois heures. Les amis ont quitté la maison à 11 heures … et les parents de Dominique sont rentrés à 11h30.

E: Alors les parents de Dominique – ils étaient contents?

C: Non, leur réaction … enfin … ils étaient furieux.

E: Pourquoi est-ce qu'ils n'étaient pas contents?

C: Euh … la maison était … en désordre.

E: Et la cuisine?

C: Il y avait beaucoup de vaisselle! J'ai fait la vaisselle avec Dominique.

CARD 2

Examiner: Alors passons à notre jeu de rôle … Et bien, l'année dernière, tu es allé en France, n'est-ce pas?

Candidate: Oui, l'année dernière, au mois de juillet, je suis allé en France avec mes parents et mon frère. Après avoir pris le petit déjeuner on a mis les bagages dans la voiture et on a quitté la maison …

E: À quelle heure?

C: À 7 heures du matin. Il faisait très beau … le soleil brillait. Après 2 heures de route on avait besoin d'essence, alors on a dû s'arrêter à une station service. J'ai décidé de prendre un café et je suis allé aux toilettes. Mon frère avait faim (comme d'habitude!) donc il est allé chez Mc.Do et il a pris des frites … Puis on s'est remis en route.

E: Et c'était où, votre destination?

C: Douvres. On est allé à Douvres pour prendre le ferry. On est arrivé à Douvres à 10 heures et on est monté dans le ferry à 10h30.

E: Et comment était le ferry?

C: C'était génial! Il y avait beaucoup de choses à faire et à voir. La mer n'était pas agitée, alors la traversée était chouette. J'ai fait du shopping – je me suis acheté du parfum et j'ai joué aux cartes avec mon père. Ma mère a lu un magazine. On a décidé de manger à bord – alors on a pris de la soupe et des sandwiches.

E: Et à quelle heure êtes-vous arrivés en France?

C: À une heure à l'heure locale. Il était midi en Angleterre. Alors après être arrivés, on s'est mis en route pour Laval. Il a commencé à faire très chaud et j'ai eu chaud dans la voiture … Puis après 3 heures de route, on est arrivé à Laval.

E: Et il faisait toujours chaud?

C: Ah oui très chaud! J'étais content car j'adore le soleil et avoir chaud – je déteste le froid.

E: Et ensuite qu'est-ce qui s'est passé?

C: On est arrivé chez nos amis français. Ils étaient très contents de nous revoir – et nous aussi. Ils nous ont embrassés et on leur a donné des cadeaux.

E: Ah, c'était gentil!

C: Oui … ils étaient surpris.

E: Et puis?

C: Alors, on avait un peu faim – alors on a fait un pique-nique dans le jardin – c'était chouette. On a pris du jambon, du fromage et de la pizza. C'était délicieux. Après, comme dessert, on a pris un grand gâteau au chocolat et on a bu du champagne!

E: Alors les vacances ont bien commencé?

C: Oui, tout à fait!

CARD 3

Examiner: Alors, l'année dernière, tu as passé tes vacances en France, n'est-ce pas – et tu vas me raconter ce qui est arrivé pendant le séjour. Alors vas-y.

Candidate: L'année dernière j'ai passé mes grandes vacances à un hôtel en France au bord de la mer à La Baule.

J'étais en famille et après le voyage pour y arriver on était fatigué. Alors, on s'est couché. Le lendemain matin, je me suis réveillée et avant de prendre le petit déjeuner avec ma famille j'ai pris une douche et je me suis lavée.
E: Et après?
C: Je suis descendue au restaurant et j'ai pris un petit déjeuner délicieux – des tartines, des croissants et de la confiture. On a bu du chocolat chaud et après, bien sûr, je me suis brossé les dents.
E: Ah oui, bien sûr!
C: On a décidé de passer la journée à la plage avec des amis parce qu'il faisait un temps magnifique. Alors, on a pris la voiture et nos amis anglais, eux aussi ont pris leur voiture.
E: Et qu'est-ce que vous avez fait à la plage?
C: Alors, on s'est bien amusé! On a joué au volley et au foot, après on a nagé et moi, j'ai essayé de faire du surf – c'était très amusant parce qu'à chaque fois que je montais sur la planche je glissais et je tombais dans l'eau! Tout le monde était dans la mer et il n'y avait personne sur la plage avec nos affaires.
E: Et qu'est-ce qui est arrivé?
C: On était dans la mer et soudain on a vu un homme qui prenait nos vêtements et nos serviettes de bain.
E: Et comment était-il, cet homme?
C: Il avait l'air un peu douteux et il portait un anorak – c'était bizarre parce qu'il faisait chaud. Il était jeune.
E: Alors qu'est-ce que vous avez fait?
C: Eh bien, on a crié "Au voleur" et on a essayé de sortir de l'eau aussi vite que possible. Mes parents étaient furieux – et moi aussi – le voleur avait pris mon nouveau jean et mon nouveau T shirt. Le voleur avait volé aussi le jean et la veste de mon père et son portefeuille.
E: Et le portefeuille – qu'est-ce qu'il y avait à l'intérieur?
C: Il y avait de l'argent mais heureusement nos chèques de voyage, nos cartes bancaires et nos passeports étaient à l'hôtel.
E: Heureusement! Alors qu'est-ce que vous avez fait?
C: Ben, on est allé au commissariat de police pour déclarer le vol et on a décrit les vêtements. Puis le policier nous a donné un papier pour les assurances. Ensuite on est allé changer des chèques de voyage à la banque.
E: Et après vous êtes tous rentrés à l'hôtel?
C: Non, avant de rentrer on a fait du shopping dans des magasins pour remplacer les vêtements volés... et après avoir fait les achats on est rentré.
E: Je suppose que vous étiez tous fatigués, non?
C: Si... très fatigués et moi, j'étais très déçue de ma première journée!
E: Ça ne me surprend pas – j'espère que tout s'est bien passé après cet incident.
C: Oui... heureusement!

Candidate 1 – Foundation

Presentation, Discussion and General Conversation
Candidate: Je vais parler de ma famille, J'ai une assez grande famille – il y a cinq personnes à la maison. J'habite avec ma mère et mon beau-père – mes parents sont divorcés. J'ai une sœur, Chloe, de 17 ans et un demi-frère de 10 ans. Il s'appelle Tom. Ma mère s'appelle Anne. Elle a 43 ans et elle est intelligente et gentille. Elle a les cheveux courts et bruns. Elle travaille dans un bureau à Oxford. Mon beau-père s'appelle Alan. Il a 49 ans. Il est amusant mais il est strict. Il est électricien. Le week-end... il joue au football. Ma sœur Chloe est agaçante. Elle prend mes CD... et elle me critique souvent. Elle est grande, et elle a les cheveux blonds et les yeux bleus. Elle aime bavarder et aller au cinéma avec ses amis. Tom, mon demi-frère, est amusant.... Il aime faire du vélo et jouer avec son ordinateur....

Je me dispute avec lui – il fait beaucoup de bruit dans notre chambre. En général, ma famille est gentille et on s'entend bien. J'aime ma famille.

Examiner: Merci Julie. Je peux te poser des questions?
C: Oui.
E: Alors Julie, tu as parlé un peu de ta mère. Comment est-elle?
C: Elle est intelligente ...
E: Et qu'est-ce qu'elle aime faire le week-end?
C: Elle aime faire du jardinage et elle aime ... elle aime le shopping.
E: Elle est sportive?
C: Oui, un peu ... elle joue au tennis et elle nage.
E: Et elle aime le cinéma?
C: Ma sœur aime le cinéma.
E: Quel genre de film préfère-t-elle?
C: Je ne comprends pas.
E: Quelle sorte de films est-ce qu'elle préfère?
C: Chloe aime les films d'aventure et les films d'amour.
E: Et Chloe est sportive?
C: Non, elle déteste le sport.
E: A la maison, Julie, qu'est-ce que tu fais en famille le week-end?
C: ... euh ... le samedi je fais du shopping avec ma mère et ma sœur ... et le dimanche je travaille à la maison.
E: Qu'est-ce que tu fais exactement?
C: Je range ma chambre avec ma sœur.
E: Qu'est-ce que tu as fait le week-end dernier avec ta famille?
C: Samedi soir on est allé chez ma grand-mère et dimanche on est allé au restaurant.
E: Et finalement, Julie, as-tu un animal à la maison?
C: Oui.
E: Quelle sorte d'animal?
C: J'ai un chat. Il s'appelle Snowy.

E: Bon, et maintenant, passons à la conversation générale. On va parler de ta vie à l'école, d'accord?
C: Oui.
E: Alors, Julie – parle-moi de ton école. C'est quelle sorte d'école?
C: C'est une école mixte ... un collège.
E: Combien d'élèves y a-t-il?
C: 800 élèves.
E: Fais-moi la description de ton collège.
C: C'est assez moderne. Il y a une cantine, une bibliothèque, un complexe sportif, des salles de classe. ...
E: Et aussi?
C: Il y a le bloc d'art dramatique et le bloc de technologie avec des ordinateurs – c'est moderne!
E: Les cours commencent et finissent à quelle heure?
C: Les cours commencent à neuf heures et ils finissent à quatre heures.
E: Qu'est-ce que tu as choisi comme options?
C: Comment?
E: Quelle matières as-tu choisies, Julie?

C: J'ai choisi la musique, l'art dramatique, l'histoire, les sciences naturelles et l'informatique.
E: Quelles sont tes matières préférées?
C: Je préfère l'art dramatique et la musique.
E: Pourquoi?
C: C'est intéressant et c'est amusant.
E: Est-ce que tu portes un uniforme scolaire?
C: Oui.
E: Alors, décris ton uniforme.
C: Je porte une jupe grise, une chemise blanche, une cravate grise, blanche et bordeaux. Je porte aussi une veste bordeaux.
E: Que penses-tu de ton uniforme?
C: C'est affreux. Je n'aime pas la couleur.
E: D'habitude, Julie, qu'est-ce que tu fais à midi?
C: Je parle avec mes amis et je prends mon déjeuner à la cantine.
E: Est-ce que tu fais du sport au collège?
C: Oui … je fais du netball, du rugby, de la gymnastique et je joue au tennis.
E: Ça te plaît, le sport?
C: Non, c'est ennuyeux.
E: Est-ce que tu fais partie d'un club ou d'une équipe au collège?
C: Je fais partie de la chorale et du club dramatique – c'est cool, j'aime ça.
E: Et Julie, qu'est-ce que tu as fait hier à l'école?
C: Je suis arrivée à neuf heures moins dix. … J'ai eu anglais, français, maths et technologie. J'ai mangé à la cantine.
E: Tu as fini l'école à quelle heure?
C: A quatre heures.
E: Et Julie, dis-moi qu'est-ce que tu feras après les examens. Tu vas continuer tes études?
C: Oui … je vais continuer mes études … dans le "sixth form". Je vais étudier l'anglais, l'histoire, la musique et l'art dramatique.
E: Très bien. Alors, passons maintenant à ta région – la région où tu habites. Où habites-tu exactement?
C: J'habite un village près de Melton Mowbray dans le Leicestershire, dans le centre de l'Angleterre.
E: C'est une région urbaine?
C: Non, c'est une région rurale. J'habite à la campagne.
E: Depuis combien d'années habites-tu là-bas?
C: J'habite Stathern depuis dix ans.
E: Fais-moi la description de ton village.
C: C'est un petit village à la campagne à vingt kilomètres de Nottingham. Il y a une église, une école, deux pubs, une épicerie et une poste.
E: Qu'est-ce qu'il y a comme distractions pour les jeunes dans ton village?
C: Il y a un club de jeunes – c'est tout. Il n'y a pas de cinéma.
E: Et pour les touristes?
C: Je ne comprends pas.
E: Quelles activités y a-t-il pour les touristes?
C: Il y a le château de Belvoir et à Nottingham il y a une patinoire, des cinémas, des discothèques, un bowling et beaucoup de magasins.
E: Et si tu veux faire du shopping, où vas-tu?

C: Je vais à Leicester … et je vais à Nottingham. J'y vais en bus.
E: Et si tu veux aller au supermarché?
C: Je vais au supermarché à Melton.
E: Qu'est-ce que tu as fait la dernière fois que tu es sortie dans ta région?
C: Je suis allée à Nottingham. … J'ai fait du shopping … je suis allée au cinéma avec mes amis.
E: Et Julie, est-ce que tu aimes ta région?
C: Oui, c'est pittoresque, mais c'est ennuyeux pour les jeunes.
E: Que voudrais-tu changer?
C: Je voudrais des activités pour les jeunes … je voudrais un centre de loisirs.
E: Bon. Merci Julie.

Candidate 2 – Higher

Presentation, Discussion and General Conversation

Candidate: J'aimerais vous parler de l'échange scolaire que j'ai fait l'année dernière au mois d'août. Maxime. mon correspondant, est fils unique et il a le même âge que moi. Sa mère, Marie-Noelle, avait fait un échange avec ma mère quand elles étaient au collège. On s'est bien entendu. Maxime a passé 15 jours chez moi et après, on est rentrés tous les deux en France, à Lyon. C'était mon premier vol en avion et ça s'est bien passé. En arrivant à Lyon on a passé deux jours chez lui puis on est allé dans le Jura chez le grand-père de Maxime. Il a une très jolie maison dans un petit village. On a visité une fromagerie et un château et on a nagé au lac de Chalain. C'était super et il a fait un temps magnifique. Après avoir passé une semaine dans le Jura on est descendu dans le sud de la France à Argelès sur Mer où j'ai fait du camping avec la famille. Le camping était bien – il y avait une piscine et beaucoup de distractions mais on était un peu déçus de la caravane – ce n'était pas très moderne et pas très confortable! J'ai apprécié mon séjour chez Maxime. La communication était un peu difficile au début mais à la fin de mon séjour je comprenais mieux et je parlais plus facilement. J'ai surtout aimé la cuisine française. Je l'ai trouvée délicieuse. Mon premier échange était un succès et j'aimerais refaire l'expérience.

Examiner: Bon Chris, je peux t'arrêter là? Je voudrais te poser des questions.
C: Oui bien sûr.
E: Alors Chris, tu as dit que ton échange était un succès – qu'est-ce que tu as le plus apprécié pendant ton séjour?
C: La cuisine – c'était délicieux!!
E: Qu'est-ce que tu as goûté?
C: J'ai préféré les pommes de terre à la lyonnaise – c'était la spécialité de Marie-Noelle.
E: C'est quoi exactement?
C: Eh bien … c'est des pommes de terre coupées en tranches. C'est fait avec de la crème fraîche et du fromage … j'ai adoré ça! J'ai mangé aussi de la charcuterie – du saucisson.
E: Ah oui – c'est une des spécialités de la région.
C: Oui … et j'ai bu un peu de vin avec les repas.
E: En fait, tu as visité des caves pour une petite dégustation, non?
C: Oui – on a visité des caves près de Lyon dans le Beaujolais. C'était très intéressant.
E: Et qu'est-ce que tu as pensé de ton séjour à Lyon?
C: Euh … la ville de Lyon est très belle. Il y avait un vieux quartier et j'ai visité aussi la ville romaine – l'amphithéâtre … et j'ai fait du shopping – il y avait beaucoup de magasins dans un grand centre commercial.
E: Et le reste du séjour, tu as préféré la région du Jura ou le sud?
C: Comment?

E: Tu as préféré ta visite dans le Jura ou ta visite à Argelès?
C: Ah oui ... euh ... j'ai préféré visiter le Jura.
E: Pourquoi?
C: Il faisait trop chaud pour moi à Argelès et je n'étais pas ... euh ... confortable dans la caravane. J'aime nager à la piscine mais pas dans la mer – je déteste la plage et le sable – alors je n'ai pas aimé être au bord de la mer.
E: Alors tu as préféré le Jura?
C: Oui. C'est vert – j'aime la campagne et j'ai fait du vélo et j'ai joué au tennis avec Maxime.
E: Et finalement, Chris, tu as profité de cette expérience?
C: ... euh ...
E: Je veux dire – cette expérience était un succès?
C: Ah pardon! Oui, bien sûr, c'était génial! J'ai pu voir les différences entre la vie en France et la vie chez moi ... je me suis amusé.

E: Bon, et maintenant on va passer à la conversation générale. D'abord on va parler du monde de travail. Dis-moi, as-tu un petit job?
C: Oui.
E: Où travailles-tu?
C: Je travaille comme serveur dans un restaurant qui est près de chez moi.
E: Et combien d'heures travailles-tu par semaine?
C: Je travaille deux soirs par semaine – le mardi et le samedi. Je fais 8 heures en tout.
E: Et que penses-tu de ton travail?
C: C'est un peu ennuyeux et assez fatigant, mais j'aime l'argent! Je reçois 4 livres 50 de l'heure.
E: Et tu as fait un stage en entreprise?
C: Oui, j'ai fait un stage en entreprise l'année dernière chez un fabricant d'ordinateurs – c'etait très intéressant. J'ai passé une semaine là-bas. J'ai aidé à réparer des ordinateurs et à répondre aux questions des clients.
E: Et qu'est-ce que tu as pensé de ce stage?
C: C'était chouette parce que j'adore la technologie et l'informatique – c'était intéressant et utile.
E: Et qu'est-ce que tu as appris de ce stage?
C: J'ai appris comment travailler avec les gens et j'ai aimé le contact avec le public.
E: Et qu'est-ce que tu voudrais faire à l'avenir?
C: Après avoir terminé mes "A levels" je voudrais étudier la géologie en faculté et faire des recherches.
E: Pourquoi?
C: Parce que c'est intéressant et utile.
E: Alors, qu'est-ce que tu vas faire l'année prochaine?
C: Je voudrais continuer mes études et étudier les sciences et la géographie. Avec les examens je pourrai continuer à étudier en faculté.

E: Très bien. Alors passons maintenant au collège. Décris-moi ton collège.
C: Bien, c'est un collège et lycée mixte et catholique. C'est moderne et il y a beaucoup de bâtiments ... des bâtiments bien équipés. Nous avons beaucoup d'ordinateurs, des terrains de sport, des salles de classe et un nouveau complexe sportif. Il y a huit cents élèves.
E: Et qu'est-ce que tu as choisi comme matières?
C: J'ai choisi le français, la chimie, la géographie, le dessin et l'informatique. Je fais aussi de la technologie, de l'éducation religieuse, de l'anglais et des maths.
E: Pourquoi as-tu choisi ces matières?

C: Je les aime … j'apprends beaucoup sur le monde.
E: Quelles sont tes matières préférées?
C: J'adore les sciences et la géographie. Je suis très fort en géographie – c'est facile et amusant.
E: Comment sont tes professeurs?
C: Ils sont stricts mais gentils – il y a un bon rapport entre les profs et les élèves.
E: Est-ce que tu portes un uniforme scolaire?
C: Oui – je porte un pantalon, une veste bordeaux et une chemise blanche. Je n'aime pas mon uniforme – je déteste la couleur.
E: Mais quels sont les avantages de l'uniforme?
C: C'est facile le matin – le matin je me lève et je sais ce que je vais mettre!
E: Et les inconvénients?
C: C'est démodé et pas très confortable.
E: Décris ce que tu as fait hier au collège.
C: Je suis arrivé au collège à neuf heures moins dix. D'abord il y avait l'appel puis, après, j'ai eu anglais, maths, français et éducation physique. J'ai pris le déjeuner à une heure, à la cantine et après j'ai joué au foot avec mes amis.
E: Et dis-moi, Chris, y a-t-il des choses que tu voudrais changer au collège?
C: Oui … la cantine – il n'y a pas beaucoup de place et je n'aime pas la nourriture. Aussi, je voudrais une récréation le matin – nous avons une récréation pendant l'après-midi … et il y a beaucoup de devoirs.
E: Et qu'est-ce que tu as l'intention de faire après les examens?
C: Cela dépend de mes résultats. Je reviendrai au lycée, j'espère, et après j'aimerais aller en faculté pour étudier la géologie.
E: Ah oui – et quelles sont tes ambitions?
C: Étudier la géologie, voyager, faire des recherches en géologie et trouver un bon travail.
E: Et est-ce que tes années à l'école t'ont bien préparé pour la vie?
C: Je pense que oui.
E: Pourquoi?
C: J'ai fait mon stage en entreprise – c'était intéressant et utile … et j'ai appris de bonnes méthodes de travail … je m'entends bien avec tout le monde ici – c'est important.
E: Bon, très bien. Merci Chris!

Candidate 3 – Higher

Presentation, Discussion and General Conversation

Candidate: J'aimerais vous parler aujourd'hui de mon stage en entreprise que j'ai fait l'année dernière, au mois d'octobre, pendant une semaine. Après mes "A levels", c'est-à-dire mon baccalauréat, je voudrais faire des études en droit, j'ai donc choisi de travailler chez un avocat, dans son bureau. Je me levais de bonne heure pour aller au travail. Je prenais le train pour aller à Bath tous les jours – je devais être au bureau à neuf heures moins le quart. Pendant mon stage je faisais plusieurs choses. Je me servais de mes connaissances en informatique – j'aidais les secrétaires à taper des lettres. C'était à moi d'accueillir les clients qui arrivaient dans le bureau et de répondre au téléphone et d'organiser des rendez-vous pour l'avocat et ses clients. J'ai trouvé toutes ces choses intéressantes et utiles mais ce que je n'ai pas aimé, c'était l'aspect répétitif de certaines tâches; par exemple, je devais souvent faire des photocopies et c'était répétitif et un peu ennuyeux. La journée la plus intéressante pour moi, c'était le jour où j'ai assisté aux assises avec l'avocat, qui représentait un client. J'ai adoré l'ambiance et c'était très intéressant. J'ai beaucoup apprécié mon stage – je crois que c'était très utile et l'expérience m'a aidé à prendre des décisions en ce qui concerne mon avenir.

Examiner: Bon, merci Siân, c'était très intéressant. Je vais maintenant te poser des questions sur ton stage.
C: D'accord.
E: Tu as dit que ton stage était utile. Pourquoi?
C: D'abord, j'ai pu faire l'expérience de la vie *après* les études. Je veux continuer avec mes études, comme j'ai dit, mais j'aimerais beaucoup être avocate ... j'ai pu observer la routine d'un avocat "au travail".
E: Et comment était sa routine – fatigante?
C: Assez, mais très intéressante. C'est un métier où il y a beaucoup de variété.
E: Et quelles sont les qualités nécessaires si on veut être avocat?
C: La patience, la compréhension, il faut savoir écouter les gens avec beaucoup d'attention et aussi ... je crois qu'il faut être très responsable – ça c'est très important à mon avis.
E: Et il faut être intelligent!
C: Oui, bien sûr ... et déterminé ... on dit que les études en droit sont difficiles, mais je *veux* réussir.
E: Bon, revenons au stage, Siân – tu as dit que le travail était quand même répétitif.
C: Oui, c'est vrai, mais le travail d'un avocat est différent du travail de bureau....
E: C'est-à-dire le travail administratif?
C: Oui. Ce que j'ai apprécié, c'était d'observer l'avocat ... je n'ai pas tellement apprécié le travail administratif au bureau – faire des photocopies, c'était nul!
E: Et les gens avec qui tu as travaillé?
C: Ils étaient très aimables. Ils m'ont expliqué la routine du bureau et m'ont parlé de la routine de leur chef.
E: Et les clients – le contact avec eux était utile?
C: Oui, très. Un bon contact avec les clients est très important.
E: Et tu t'es maintenant décidée sur ton avenir?
C: Oui. Je n'étais pas certaine avant de faire mon stage mais maintenant je sais très bien que je voudrais être avocate – j'ai pris ma décision.
E: Alors, je te souhaite bon courage pour toutes tes ambitions, Siân.

E: Bon. Maintenant, Siân, on va passer à la conversation générale. D'accord?
C: Oui, d'accord.
E: Alors pour commencer on va parler de tes loisirs. Que fais-tu pendant tes heures de libre le soir et le week-end?
C: J'aime beaucoup aller au cinéma, sortir avec mes amis et écouter de la musique le week-end.
E: Parle-moi de ton passe-temps préféré.
C: J'adore aller au cinéma. J'y vais tous les samedis avec mes copains. J'aime surtout les comédies et les films d'horreur.
E: Tu vas au cinéma depuis longtemps?
C: Ah oui – je vais au cinéma régulièrement depuis trois ans – c'est génial!
E: Et tu es sportive?
C: Oui, je fais du netball et j'aime le squash. En été je joue au tennis – je fais partie de l'équipe de tennis au collège.
E: Pourquoi le sport est-il important?
C: Ça me détend et en faisant du sport j'évite le stress.
E: Et la télé, combien d'heures par soir regardes-tu la télé?
C: Je regarde la télé deux heures par soir.
E: Quelle sorte d'émissions préfères-tu?
C: Je préfère les feuilletons.
E: Pourquoi?
C: Les feuilletons sont amusants et parfois intéressants.

E: Et est-ce que tu aimes la musique?
C: Oui, j'adore écouter toutes sortes de musique – la musique pop et la musique classique. Je joue de la guitare depuis l'âge de cinq ans et je joue aussi de la batterie – c'est super!
E: Parle-moi de ce que tu as fait le week-end dernier.
C: Alors vendredi dernier je suis restée chez moi et après avoir fini mes devoirs j'ai parlé avec mes amis au téléphone et j'ai regardé la télé. Samedi soir je suis allée au cinéma et j'ai vu une comédie – c'était super.
E: Et quels sont tes projets pour le week-end prochain?
C: Alors le week-end prochain j'ai l'intention de faire du shopping à Bath et aller au cinéma avec mes amis.
E: Et dimanche?
C: Alors le matin je ferai la grasse matinée et l'après-midi je vais jouer au tennis avec une amie.
E: Et si tu avais beaucoup d'argent, Siân, est-ce qu'il y a un sport que tu voudrais essayer?
C: Ah oui – j'aimerais beaucoup faire du surf ou faire du ski – ça doit être passionnant!

E: Et maintenant, parlons des vacances Siân. Où préfères-tu passer les vacances et avec qui?
C: J'adore passer mes vacances en famille en France ou dans un pays où il faut chaud.
E: Et comment préfères-tu voyager et pourquoi?
C: Je préfère voyager en avion – c'est rapide et on n'a pas le temps de s'ennuyer – mais on n'est pas très confortable.
E: Où es-tu allée en vacances l'année dernière?
C: Je suis allée en France avec ma famille. On est parti le 29 juillet et on y a passé trois semaines.
E: Parle-moi de ces vacances en France.
C: Alors on a pris le ferry à Douvres. La traversée a duré une heure et demie. Une fois arrivés en France, on a pris l'autoroute et on est arrivé à l'hôtel.
E: Et ensuite?
C: Ensuite on s'est installé et le lendemain on a fait un petit tour de la région en voiture. Après, moi, je suis allée à la plage et je me suis fait bronzer.
E: Et pendant tes vacances, qu'est-ce que tu as fait?
C: J'ai nagé, j'ai joué au tennis et j'ai fait beaucoup de promenades. J'ai lu beaucoup aussi et je me suis reposée – et le soir je suis allée en boîte.
E: Et est-ce que tu as trouvé la vie en France très différente de la vie en Angleterre?
C: Oui. On a mangé plus tard qu'en Angleterre – et le climat était meilleur.
E: Et comment était la cuisine?
C: J'ai pensé que c'était délicieux.
E: Et qu'est-ce que tu as le plus apprécié en France?
C: J'ai surtout apprécié le climat. Il faisait chaud – même le soir. Je crois que les Français sont plus détendus que les Anglais ... et le shopping est super – ce n'est pas cher!
E: Voudrais-tu y retourner – et pourquoi?
C: Ah oui, je voudrais beaucoup y retourner. J'ai adoré mon séjour – je me suis très bien reposée et amusée et l'hôtel était *très* confortable.
E: As-tu des projets de vacances pour cette année? Où iras-tu?
C: Pour le moment, non, je n'ai rien de prévu ... ça dépend de mes résultats. Moi, je voudrais bien aller en Espagne ou en Italie, dans un hôtel au bord de la mer.
E: Et quelles seraient pour toi les vacances idéales?
C: Je voudrais aller au Canada, au Québec ou à Montreal. On dit que c'est très joli et on peut y pratiquer beaucoup de

sports ... et à Montreal on parle français! Je voudrais séjourner dans un hôtel de luxe. Il y aurait bien sûr beaucoup de possibilités sportives et les repas seraient délicieux!
E: Je te remercie bien, Siân.

Practice Examination Listening Transcript

Section 1: Foundation

EXERCICE 1
1. Le train part de la voie numéro trois. **2.** Pour arriver aux quais, allez tout droit. **3.** Le train part dans 15 minutes. **4.** Le train arrive à Paris à onze heures et quart. **5.** C'est un train non-fumeur.

EXERCICE 2
Bonjour! Je m'appelle Xavier et je vais parler de ma famille. Dans ma famille il y a mon père, ma mère, ma sœur et moi. Je n'ai pas de frères. Mon père s'appelle Marc et il a quarante ans. Il travaille comme chauffeur de camion. Ma mère s'appelle Jeanne et elle a 36 ans. Elle travaille comme vendeuse dans un magasin. Ma sœur s'appelle Yvette et elle a quinze ans. Elle adore les animaux – surtout les chevaux. Elle fait de l'équitation tous les week-ends. Et moi? Alors moi, j'adore faire du vélo. J'aime aussi la natation.

EXERCICE 3
Exemple. Anne. Moi, je préfère voyager en train. C'est pratique, je trouve, le train. **13. Luc.** Moi, J'aime les voitures. Bientôt je vais conduire la voiture de mon père. **14. Véronique.** Ce que j'aime le plus comme moyen de transport, c'est l'avion. J'aime bien partir en vacances en avion. **15. Alain.** J'aime bien marcher, moi. Je vais partout à pied. **16. Barbara.** D'habitude, pour aller en ville, je prends le car. **17. Pierre.** J'aime beaucoup la mer, donc mon moyen de transport préféré, c'est le bateau. **18. Magali.** Je suis fana de la moto. On dit que c'est dangereux, mais j'adore les motos, moi.

EXERCICE 4
Exemple. Marie. Marie, où vas-tu en vacances? Je passe mes vacances en France. Je les passe avec ma famille.
19. Yannick. Et toi, Yannick, où vas-tu en vacances? Moi, je vais au bord de la mer. Je descends dans un hôtel.
20. Hélène. Hélène, tu vas où en vacances? Je passe les vacances en Amérique. J'y passe deux semaines.
21. Nicolas. Où passes-tu les vacances, Nicolas? J'adore aller en montagne. J'y vais avec mes copains.

EXERCICE 5: Céline parle de son ami
Je vais parler de mon ami. Il s'appelle Jean-Claude. Il a dix-sept ans et son anniversaire est le premier juin. Il a les yeux bleus et les cheveux blonds. C'est un garçon très marrant, très amusant. Il aime beaucoup les ordinateurs. Et ce qu'il n'aime pas? Alors il n'aime pas se lever lundi matin!

Section 2: Common

EXERCICE 1
Bonjour monsieur. Je peux vous aider?
Oui, j'espère! J'ai perdu une valise.
Une valise? Et comment est-elle, votre valise?
C'est une grande valise. Elle est noire et ... euh ... assez vieille aussi.
Quand l'avez-vous perdue, monsieur?

C'était mercredi dernier – dans l'après-midi.
Oui, et où l'avez-vous perdue?
Ici, à la gare. Mon nom est écrit dessus.
Et quel est votre nom, monsieur?
Mon nom, c'est Pinot. Ça s'écrit P-I-N-O-T.

EXERCICE 2

Exemple. Anne. Salut, Anne! C'est Valérie. Écoute – tu veux sortir ce soir? Ce n'est pas possible – je dois travailler et je n'aurai pas le temps de sortir. **5. Bernard.** Allô Bernard! C'est moi, Valérie. Dis, tu veux sortir ce soir? Désolé. Malheureusement je vais voir ma grand-mère à l'hôpital ce soir. Le week-end prochain peut-être mais pas ce soir. **6. Céline.** Bonjour Céline. C'est Valérie à l'appareil. Tu veux sortir ce soir? Bonne idée! Je suis libre ce soir. Je peux sortir vers 8 heures. **7. Daniel.** C'est toi, Daniel? C'est Valérie. Est-ce que tu veux sortir ce soir? Écoute, il faudra que je demande à ma mère. J'aimerais bien venir, mais ce n'est pas certain, hein. **8. Érica.** Érica? C'est Valérie. Dis – tu veux sortir ce soir? Pour l'instant je ne suis pas sûre parce que j'ai du travail à faire. Mais peut-être que je pourrai venir. On verra. **9. Fabien.** Bonjour Fabien. C'est Valérie. Est-ce que tu veux sortir ce soir? Ça serait formidable. Je n'ai rien à faire ce soir et je viendrai avec plaisir.

EXERCICE 3

Exemple. Pierre. Moi, tu sais, j'ai toujours aimé les animaux, donc je voudrais m'occuper des vaches, des cochons, des moutons etc. **10. Marc.** C'est les voitures qui m'intéressent. Un travail de mécanicien m'irait très bien.
11. Isabelle. Comme carrière, je voudrais être infirmière. J'ai toujours aimé l'idée de soigner les malades.
12. Philippe. Ma mère est professeur et moi, je voudrais faire le même travail. Je m'entends bien avec les enfants de toute façon. **13. Sara.** Je m'intéresse aux sciences économiques et aux affaires financières – tout ce qui concerne l'argent, n'est-ce pas? J'aimerais aussi un travail où j'aurais du contact avec le public. **14. Jean.** Ce que j'aimerais faire, ce serait de préparer des repas dans la cuisine et puis servir les clients. Oui, je voudrais bien avoir un travail de cuisinier.

EXERCICE 4

J'ai eu un voyage très difficile hier. Je suis allé en voiture de Paris à Nice mais j'ai eu beaucoup de problèmes! D'abord, ça s'est bien passé. Je suis parti de mon appartement à neuf heures, mais à dix heures, aux environs de Paris, il y a eu des problèmes de circulation – des embouteillages affreux. Après avoir quitté la région parisienne, les choses allaient mieux mais ensuite, vers midi, il y a eu un orage – des pluies atroces et même des inondations. Et puis, ce qui est tellement stupide, c'est qu'à deux heures je suis tombé en panne d'essence. C'était bête! J'avais oublié de faire le plein à Paris!

Section 3: Higher

EXERCICE 1

Exemple. Chez Roland vous avez un choix très intéressant de vêtements pour homme, femme et enfant à des prix raisonnables. **1.** C'est un gîte confortable où vous pourrez passer des vacances inoubliables. À deux cents mètres seulement de la plage. Deux chambres pour quatre personnes, cuisine, salle de séjour, salle de bains et avec garage.
2. Ouvert jusqu'à vingt-deux heures, lundi à samedi. Les meilleurs prix, le plus grand choix. Parking gratuit énorme.
3. Elle roule doucement … doucement. Elle fait cent trente à l'heure facilement … facilement. Et vous arrivez à votre destination sûrement … sûrement! **4.** Vous quitterez Paris mardi à midi. On visitera toute la France en autocar de luxe. Chaque nuit on descendra dans un hôtel trois étoiles dans une région différente de notre pays. **5.** Chez Solange vous goûterez une grande variété de plats, chacun préparé avec soin et servi dans une ambiance chaleureuse. **6.** Le meilleur roman de l'année, écrit par un auteur qui comprend la vie comme elle est.

EXERCICE 2

1ère partie. Et maintenant je parle avec M. Thévenet, n'est-ce pas?

M. T.: C'est ça, M. Claude Thévenet.

Et vous êtes parisien?

M. T.: Eh oui. Né à Paris et j'y ai habité toute ma vie.

M. Thévenet, si je comprends bien, vous êtes au chômage en ce moment.

M. T.: C'est vrai, malheureusement – oui, je suis au chômage, et ça fait quatre ans maintenant que je suis chômeur. Autrefois, je travaillais pour les PTT – la poste, n'est-ce pas – je conduisais ma petite camionnette dans les rues de Paris et je distribuais les lettres ... c'était bien, hein – j'étais heureux.

M. T.: Alors qu'est-ce qui s'est passé?

M. T.: Bref, ma camionnette est entrée en collision avec un autobus. La police a dit que je conduisais trop vite, que je faisais pas attention, donc ... euh ... j'ai perdu mon permis et, par conséquent, j'ai perdu mon emploi. Voilà.

Et vous n'avez pas cherché d'autres emplois?

M. T.: Mais si, si! Mais puisque je n'ai plus mon permis, puisque la police a déclaré que ... je conduisais mal ... eh bien, on ne s'intéresse plus à moi. De toute façon, j'ai une cinquantaine d'années et à cet âge-là, vous comprenez, c'est difficile. Et j'en ai marre, hein, d'être comme ça sans emploi. Je me sens si ... inutile, vous comprenez.

2ème partie. Bon. Vous cherchez du travail et je vais vous aider à trouver un emploi qui vous va. D'accord?

Corinne: C'est ça. oui.

Eh bien pour commencer, vous vous appelez ...

Corinne: Corinne Barraud.

Et vous avez quel âge?

Corinne: Dix-huit ans – j'aurai dix-neuf ans en février.

Bien. On parle d'abord des matières que vous étudiez à l'école. Vous êtes forte en quelles matières?

Corinne: En français, en histoire et surtout en informatique.

Et vous avez envie de continuer vos études à l'université?

Corinne: Non – j'aimerais mieux trouver un emploi tout de suite.

Vous avez déjà travaillé quelque part?

Corinne: L'été dernier j'ai travaillé comme serveuse dans un café.

Et aimeriez-vous trouver un emploi dans un café alors?

Corinne: Absolument pas! C'était ennuyeux comme travail.

Vous aimeriez travailler dans quelle sorte d'établissement? Une école, un magasin, une usine?

Corinne: Une école, non, un magasin non plus, mais une usine peut-être, à travailler comme informaticienne.

Bon, je vais voir ce qu'il y a comme emplois d'informaticienne. Une dernière question. Aimeriez-vous travailler dans la région parisienne?

Corinne: Non, j'aimerais mieux travailler ailleurs.

EXERCICE 3

Exemple: Tant pis! C'était très difficile de toute façon et je savais bien que je n'avais pas réussi. Je vais repasser l'an prochain. **18.** Je dois dire que c'était excellent. Très bonne histoire avec une fin inattendue. Vraiment bien joué, pas trop long – et la musique en plus est formidable. **19.** J'ai beaucoup travaillé cette semaine. Remarque, j'aime bien mon travail, mais après cinq jours on commence à avoir besoin de dormir, hein! **20.** Pour commencer j'ai eu des huîtres – délicieuses. Ensuite un steak superbe avec des légumes frais. Finalement un dessert – extraordinaire! **21.** Cinq cents francs – tu te rends compte! Je sais que j'avais mon porte-feuille avec moi dans le train mais, arrivé à Paris, je ne l'avais plus sur moi. **22.** Je suis désolée, mais je n'ai pas le temps. Il faut absolument que j'arrive avant midi et il y a un bus qui part dans cinq minutes. Demain peut-être, mais pas maintenant! **23.** C'est affreux. Le patron m'a appelé ce matin. Il m'a dit que l'usine va fermer et qu'on n'a plus besoin de moi. Faudra que je cherche un nouvel emploi. **24.** Ça va pas bien. J'ai mal à la tête depuis hier et j'ai de la fièvre. Il faudra que je me couche tout de suite.

Exercise 4

Trois blocs de glace pesant chacun près de 4 kilos sont tombés du ciel récemment dans le nord de l'Espagne. Pour les scientifiques espagnols, c'est un mystère. Les blocs sont tombés dans la cour d'un bar, d'autres dans un champ, d'autres sur les toits d'une usine sans faire ni victimes, ni dégâts. Le plus étrange, c'est qu'il faisait très beau lorsque les glaçons sont tombés – l'explication n'est donc pas météorologique. Un des spécialistes qui examinent les glaçons pense qu'ils pourraient être des morceaux de comètes ou bien, ce qui est plus probable, il s'agirait de blocs de glace qui se seraient détachés des ailes des avions en vol.